跟著救生員學水中自救

30 堂防溺教育課，
危急時刻，做自己的救命恩人！

LIFE SAVING

張景泓

著

—推薦序—

做為臺灣人，人人都應當懂水中自救的方法

——何則文　生涯教練

臺灣是一個海島，但不像許多太平洋島國國民，人人都好像「屬魚」那般善於游泳，反而每年在夏季，都會傳出青年朋友在溪邊或海邊溺水的消息。對於這種情況，幾年前政府也開始努力的推廣游泳，臺北市在十幾年前就有要求中學生必須要能游泳二十五公尺才能畢業，好像學會了游泳，就有安全保障了，但這也是很大的一個盲點，因為會游泳不等於有水域安全的觀念。

之前網路上也有人開玩笑說，全世界最沒有成就感的工作大概就是奧運游泳比賽的救生員，但大家不知道的是，歷史上還真的有奧運游泳比賽發生選手溺水的事件。所以送孩子去游泳，學會游泳之外，更需要對於開放水域有基礎的救生安全知識，才是最重要的事情。

許多時候，憾事的發生反而是因為「聰明反被聰明誤」，因為自認為會游泳而太過自信，遇到危機時反而驚慌；又或者因為會游泳，看見同伴落水，想要伸出援手，卻沒有相關觀念而導致傷害發生。這都是屢屢發生上演的事情。在游泳池學會游泳，

其實跟在戶外開放水域是否能自保是兩回事。游泳池我們不會遇到暗流，而一般的室內游泳課也較少提到水中自救的方法。

而人稱香蕉教練的景泓出版的這本《跟著救生員學水中自救》可以說給了我們很好的明燈指引，做為臺灣第一本專注於水中自救議題的書，景泓在書中根據他多年的救生經驗，有系統跟組織的整理出許多實用的技巧。比如過往我們都會認為溺水的人應該會大聲呼救，但實際的情況卻是，溺水的人常常失去意識反而看起來就只是安靜的在水中載浮載沉。而過往許多人面對溺水事件，也多半立刻試圖展開救援，反而造成自己的傷害，景泓告訴我們，這時反而要大聲呼救，讓周遭的人注意參與救援。

書中也列舉了幾乎所有可能遇到的水域情境，比如在溪流中遇到暴漲，或者意外跌落瀑布，在野溪溫泉發生危險狀況等等，都有提出詳盡的應對方法與處理步驟，讓我們在遇到這些情況時，不至於驚慌失措而讓事情惡化，能當機立斷的展開自救行動。

我覺得這本書非常的重要，不管是老師、家長甚至孩子本身，都應該打開這本書去了解水中自救的各種方法。過往的教育往往只是單純的警告孩子不要靠近水域，並且以民俗的水鬼抓交替說法，讓孩子有危機意識。但四面環海，又有豐富山林資源跟野外環境的臺灣，實在很難要求青年三五好友出遊時不接觸到水。

所以與其期待孩子不要碰水，不如教他如何面對水，還有在遇到危機時怎樣自救。很開心景泓用他多年的經驗有條理跟脈絡的寫出這本實用性極高的書籍，期待大家都可以學會書中的技巧，讓水成為大家的朋友，減少危險發生的可能！

推薦序

自己的安全永遠是自己的責任

——林妍杏　光合作用戶外探索學校執行長

這是一本下水出發之前，你應該知道的基本事！

這些年來，無論對象是兒童青少年還是大人，我們每次帶學生下水，都會強調「自己的安全永遠是自己的責任」！小至能夠將自己的救生衣正確穿著妥當，大到能夠確認自己的體能技術、評估環境風險，觀察入微才下水。臺灣對於活動安全這件事，多數人習以為常，用付費思維將責任交託給他人：交給收費的廠商業者、交給同行夥伴、交給政府；出了意外都是他人的責任，往往沒有或是也沒機會回望自己做了什麼準備。這個準備包含裝備、身體與心理，還有態度。實際執行水域安全課程時，為了找尋國外的相關資料並分享給教師們，我們搜集了澳洲、紐西蘭甚至荷蘭等地相關教育觀念與教學模式，其中比對紐西蘭水域安全觀念教育的演變，很明顯可以發現臺灣目前的學習觀念，處於一九六〇～一九八〇年代紐西蘭政府的發展重點：危機處理，當前我們還有很多做法與思維，甚至停留在他們一九五〇年代以前強調的救援技術（也就是救生技巧）。

游泳教育一直以來是臺灣預防溺水的重要教育工作，但考核泳速與泳姿都無法實際有效降低溺水意外。如果我們期待水域安全觀念與全民風險素養能夠往前邁步，應該借鏡他山之石，從預防災害發生的思維做起，也就是系統性地從生活層面到水域活動養成風險管理教育，才能真正降低水域意外發生。

因此，景泓在前面的章節首要帶領讀者認識的，就是「安全觀念的建立」，以及「環境風險分析」，而不是馬上告訴大家發生意外該如何處置與補救。後方才開始提到不同水域活動的風險，其實就是讓讀者知道，不是會游泳就能安全玩水，而是知道自己在從事的活動環境（水深、溪谷、浪高、海流等）可能會面臨的心理與生理極限，才能更周全地做好準備。

如果要將開放水域活動安全做評估管理，可以畫一個三角形，三角形的每一個頂點分別代表天氣、海象（溪谷環境的話就是水文）、地形；而三角形的中間是「人」；為什麼人會放在中心？因為人的「態度與意識」是最難養成與影響的。花錢購買高級昂貴的專業裝備，或是訓練自己成為游泳健將並不會太難，但這些都無法保證下水能夠安全無虞；唯有養成面對大自然力量的良好心態，隨時保有意識評估環境風險，終將決定了這個人走向開放水域的安全關鍵！

我們期待有更多像景泓這樣的水域安全教學者，透過教育而非禁止，影響更多人能夠理解「做好準備」的重要性，並且「知道自己的極限」再下水！

你可以說它是一本工具書也好，或是第一次下水的指南；這本書很適合想接觸開放水域環境但沒有太多經驗，不知道從何開始的朋友，也適合有相關經驗的夥伴再次檢視自己在各個階段的風險評估與掌握，進而知道你的處境狀況、知道你有哪些選擇與作為，並且保持冷靜，才能在戶外下水玩得開心又安全！

—推薦序—

不只親海、知海、愛海；更要敬畏大海！

——陳琦恩 台灣潛水執行長

臺灣是一個海島的國家，不過我們離海很遠，這裡的遠並不是實際的距離，而是心裡距離的遠。從小常常會聽家長說海邊很危險，不要去玩水，可是等到爸媽沒有看見的時候，就自己跟朋友偷偷跑去玩水，危險和意外也就這樣發生了，我們一直被灌輸的是恐海教育，而不是海洋教育。因此對海的認識越來越少越來越陌生，接觸海洋的人在臺灣的比例不算高，但是在水域遇難的人數比例，跟一些親海的國家相比，卻高上許多。

我之前在澳洲工作，他們對於水域安全的管理跟教育非常的用心跟重視，在每一個海邊你都可以看到戴著紅黃相間泳帽的救生員，並且擁有專業的救生塔跟救生浮具，這樣的配置讓每個去水域活動的民眾都能更加的安心，相對提高更多親海的動力，讓民眾更願意去海邊玩耍（臺灣基本上看不到這樣的設施跟專業救援人力）；他們也會提供救援的知識，讓每一個民眾都擁有自救的技巧。因為更加地認識大海才能更了解危險所在，我始終相信禁止並不是最好的方法，教育才是。

你想像一下今天我們搭上了郵輪，郵輪發生了意外，你身上會剛好有泳鏡和泳褲嗎？我一直覺得臺灣的游泳教育根本不符合真實的狀況，這些小朋友如果拿掉了泳鏡，處在腳踩不到底的環境或者身上穿著T-shirt，大部分的人可能連水母漂都沒辦法進行，更不用討論自救的可能性。

直到有一天我看到了荷蘭游泳的教學影片，我深深地認為這才是一般人需要的游泳概念，我們不見得要游得多遠多快，但我們至少要能夠照顧自己，後來我就在戶外教育的場合遇到了景泓，我才知道真的有人把這套教育引進到了臺灣，我非常期待這樣的水域教育對臺灣所產生的改變，而這本書《跟著救生員學水中自救：30堂防溺教育課，危急時刻，做自己的救命恩人！》提供了一般民眾接觸不到的訊息，能夠讓我們更了解在不同的環境和裝備，你要怎樣才能夠安全上岸。

我常常帶著小孩到世界各地去玩，而他最喜歡的地方就是海邊，所以我一直覺得他是一個水性很好的小孩，直到有一次我們去了蘭嶼朗島部落的港口玩水，大約是下午三到四點左右，當地的小朋友也跟著我們在那邊玩耍，我跟老婆就陪著三歲的帥魚，可是我發現一件事情，在那邊玩水的小朋友身邊沒有任何一個大人，我自認為帥魚水性已經很好，但我還沒有勇氣讓他一個人在水裡玩耍，要有多大的信任感才敢讓小朋友獨自在海邊，你心裡可能會想說這會不會太危險啊，這些小朋友真的可以評估安不安全嗎？

後來有些小朋友就往深的地方游了過去，只有一個小朋友還留在我們的身邊，待在腳踩得到的地方，我就問了那個小朋友說：「你怎麼沒有跟大家一起過去」，他回答我說：「因為我今天沒有帶泳鏡，那邊比較深，對我來說比較危險」，我心裡其實很震撼，需要累積多少經驗才能擁有這樣的判斷能力，表示他們對海的危險是能夠辨別的，對我來講這才叫做海洋教育。

對於水我們真的太陌生了，一般人從小在家庭的限制下對於水的認識是相當薄弱的，無論是泳池，溪邊或者是海邊，都沒有辦法分辨危險，所以每到夏天就會聽到一些水域遇難的新聞，這些並沒有隨著我們的限制而越來越少，反而讓更多的小朋友在不熟悉的水域，無法分辨浪大水流而遭遇危險。

我們不只是要親海、知海、愛海。我覺得更重要的是我們要敬畏大海，要知道它的狀況，要知道我們何時能夠下水，何時應該取消下水，而這本書提供了更多自救的技巧，以及如何辨別水域的危險，我相信有備無患，能力的增加與知識的多元，可能會在你需要的時候，幫助你避開危險。

各方推薦

從第一實用的部落格到第一實用的書。LikeAFish 撰寫了臺灣第一本水安全指南。在書中，他釐清了導致事故的迷思，使我們所有人在水中玩樂更安全。裡面的知識不僅有可能挽救您的生命，還可以將您的戶外探險提升到一個新的水平。對於初學者和有經驗的游泳者來說，它都是必讀的。

——**Xiaofei 小飛**　知名戶外探險家

應該很少人知道我以前曾經也是救生員，所以看到這本書真的覺得很重要，相信大部分的人都可以從這邊學到更多東西！

——**山野書生**　水上活動 YouTuber

臺灣身為四面環海的國家，過去對水卻似乎特別恐懼，尤其當看到相關的意外事件發生時，更突顯我們對於水域安全的知識不足。期待透過此書的分享，完整我們的水域知識，才能成為真正愛山愛水，同時更能安全玩山玩水的海島子民！

——**王婉諭**　立法委員

提升技術是降低戶外活動風險的最主要方法，技術與經驗都是無法速成的，但觀念可以。戶外活動面臨「未知性」過大的情況時，迴避它，即是最正確的觀念與做法。

——**伍安慶** 山嵐野趣教練

臺灣的戶外開放水域周邊常常看到被公部門插上各式各樣的告示牌，告示牌上面最常看到的就是「水深危險，禁止戲水」，或是「本水域未設巡守人員，為了您的安全，請至有救生員場所從事水域遊憩活動」之類的警語。水深真的代表危險嗎？有救生員的水域就安全嗎？

戶外活動公部門最應該推廣給民眾的基本觀念其實是：您的安全是您應負的責任！提升自己的水性，比學會標準的泳姿或能游長距離更重要。景泓教練的這本書是很好的教材，補足了過去學校游泳教學上的盲點，是準備走向戶外開放水域的大家真正需要的必修學分～

——**李元治** 台灣開放水域聯盟召集人

教授戶外冒險教育多年，我重視風險管理的議題，然而多數的風險管理流於老生常談不夠實際。景泓的水中安全觀念與自創品牌「像一條魚」令人驚豔，透過真實情境而設計的游泳課非常符合體驗教育的精髓，值得大力推薦。

——吳冠璋　國立體育大學休閒產業經營學系教授

我要推薦《跟著救生員學水中自救》這本書籍。由於臺灣四面環海，山勢地形陡峭且溪流湍急，每年均有不少溺水事故發生，也突顯我們對水域安全教育知識的普遍不足，然而現在這本書籍，能快速簡單的讓各位讀者了解水域安全與水上救生的基本觀念，暨能學習水中自救亦能保護他人。

——陳嘉豪　中華民國紅十字會新北市三鶯救生隊榮譽隊長

水火無情，但真正導致意外的是錯誤觀念。安全無價，靠的是正確知識而非直覺反應。身處四面環海、溪流湍急的臺灣，你除了要能享受玩水樂趣，更要掌握完整的水域安全觀念。只要溼身，不要失身！我強力推薦這本書。

——蔡宗翰　消防員／TEDxTaipei 講者

臺灣四面環海，多溪流，在法規趨向開放的同時，你需要學習與水共處，戶外玩家需要成長，環境才會進步，面對海與溪流，你要準備更多，珍惜有限的救援人力，學會自救更是基本，有準備是探險，沒準備是冒險。

——**營火部落達哥**　知名戶外 YouTouber

這本書應是每一個家長的必讀書，臺灣每一年的兒童溺水事件層出不窮，事故死亡率遠遠高於英國等其他島國，再加上臺灣生育率幾乎排名全世界倒數第一，是時候家長破除迷思：讓孩子學會自救遠遠重要於學會游泳招式。保護每一個來之不易的生命，杜絕可以避免的溺水事件，是父母的重要責任。

——**藍汐**　汐游寶寶嬰幼兒游泳學校創辦人

※：推薦文依首字筆畫排序

目錄

—推薦序—

—各方推薦—

作者序

十八歲的時候，我考上了第一張國家級的證照：救生員證，那時只是覺得考救生員很帥，可以跟同學炫耀。過去當救生員的日子，從來沒有真的下水救過人，一直被朋友戲稱是「坐領乾薪」的工作。

二〇一七年，是我第一次在海邊當救生員。那時面對每天幾百人的遊客，不免有點擔心。二〇一八年，我已經是一個能獨當一面的救生員。但每天高坐在救生檯上，吹吹哨子、趕趕遊客，似乎覺得好像少了什麼。二〇一九年夏天，這件事有了戲劇性的轉變。

那年，沙灘地形因為颱風及鋒面造成了改變，在我們的警戒繩圍的戲水範圍右側，出現了一條不定時會將人往外帶的海流。因為這個原因，當時七月尚未結束前我們就已經救了超過五十個溺水的人。

大部分的人被我們救上岸以後，都跟我說他會游泳，但我很好奇的是：「既然會游泳，那為什麼沒有辦法保護好自己的安全？」

我一直不是很能理解，身為海島國家的國民，為什麼連基本水域安全觀念和水中自救能力都沒有？

這次經驗以後，我開始深入研究國外的游泳教育，發現荷蘭的游泳課在教學內容、觀念、及技巧上與臺灣相當不同，且對於防止溺水意外發生非常實用。於是，二〇一九年夏天結束以後我決定離開海邊的工作，回到臺北創立了游泳教育品牌「像一條魚 LikeAFish」，仿效荷蘭透過真實情況設計游泳教學內容。

我們不先教游泳技巧、不求游得快，而是讓學生模擬溺水發生時的應變訓練，希望所有人都能「親水、不怕水、愛上水」，出門玩得安心又開心，全心全意享受當下的水上娛樂活動。

這幾年因為疫情肆虐，讓人民出遊嬉戲受到了許多限制。儘管如此，我們依然看到了許多溺水意外，有些甚至不是去玩水的，像去登山健行卻因為溪水暴漲導致人被沖走的虎豹潭意外。

多數的溺水意外都是可以事前避免的，只要有「水域安全觀念」，就會知道天氣不好不要進山裡，否則就可能遇到溪水暴漲；冬天鋒面來時東北角容易發生瘋狗浪；瀑布跳水要避開白色泡沫區。

這些無關乎個人會不會游泳、有沒有水中自救能力，只需要懂得一些基本常識與安全觀念，就能夠幫助我們與身邊的人都能更安全。

近幾年政府開始推動「山林解禁」，行政院也有推動「向海致敬」政策。身為海島子民，如果不能去親近享受我們擁有的天然資源，真的是很可惜的一件事！

現階段，臺灣還有許多開放水域是禁止戲水的，因為民眾的知識跟不上，開放後可能只會徒增更多的意外發生。如果人民都知道如何避免溺水，以及遇上狀況該怎麼自救求援與救援，我相信臺灣的水域活動發展也會更蓬勃。

希望能夠透過這本書，讓大家對於各種水域環境有更多的認識，在遇上各種風險危機時，也知道要如何自保、甚至是協助他人脫離險境。

張景泓　2022/3/31

前言與本書使用方法

臺灣四面環海，為什麼還有這麼多溺水意外？

根據世界衛生組織（WHO）統計，每年因為溺水意外身亡的人數至少有三十七萬人，而臺灣溺水人數曾高居全球不分年齡層第三；如果只統計零到十四歲的數據，在受調查的OECD二十一國當中，臺灣還曾高居溺水死亡率的首位。

另外，從消防署二〇一二～二〇一七年的統計資料指出，臺灣平均每年溺水身亡人數約在四百人左右，而且逐年升高；溺水意外傷亡人數也曾高居國內「意外事故傷害死傷」第四大原因。

綜觀數據統計，我們可以發現臺灣溺水人數不容小覷，且孩童溺水問題也須正視。除了政府目前規範的游泳教育內容不符合實際需求以外，家長的錯誤心態也是導致孩童游泳技巧「學而無用」的主因之一。

根據過去我在泳池擔任救生員多年的觀察，大部分送小孩來學游泳的家長大概會問以下問題：「我的小孩多快可以學會？」、「他可以再游得更快嗎？」、「他的蛙腳對嗎？自由式的手可以嗎？」幾乎所有家長都會問類似的問題，但我從來沒有聽過家長詢問過「如果我的小孩戲水時發生溺水意外，這些技巧派得上用場嗎？」

如果家長只在乎小孩的「泳姿」跟「秒數」，以及「多久可以學會」等問題，卻不在乎小朋友學的技巧能不能在出意外時派上用場，那我們怎麼能期待這些游泳技巧，在發生溺水意外時可以幫助孩童保護自己？

設計符合溺水現況的游泳教育，看看荷蘭怎麼做

我曾在海邊當過幾年救生員，上班期間總能看到外國遊客在海裡悠游自得，對於在踩不到底的開放水域游泳相當習慣。因為對這樣的狀況很感興趣，上網查了許多資料，發現了荷蘭的自然環境與我們臺灣很像，國土被海包圍，且國內有

許多溪流及湖泊。但是，荷蘭的溺水發生比例卻只有不到臺灣的十%，這還是在荷蘭對於民眾從事水上活動相當友善的情況下。

九零年代的荷蘭發生兩次大水災，當時迫使數十萬人撤離原居地，因此荷蘭政府有別於過往「跟水爭地」的態度，治國策略改為「與水相處」，游泳教育的推廣目標，也著重在幫助孩童「建立信心」和「享受水上娛樂」。

荷蘭的游泳證書由政府委託國家委員會頒發（名為Zwemdiploma，分成ABC三個等級），家長在孩子五歲以後就會自主幫小孩報名游泳課程，讓小孩提前學會如何保護自己。其教學內容根據意外場景設計，不只要求游泳技巧，還包括溺水發生時的應變訓練：

- 溺水意外發生時可能踩不到底，所以要練習踩水技巧。
- 意外落水時不會配戴蛙鏡，所以要練習在水裡張開眼睛、學習抬頭蛙。
- 發生意外時不一定會穿著泳衣，所以要練習著衣下水、體驗阻力游泳。
- 短時間內沒人搭救的機率很高，所以要練習仰漂、獨自爬上橡皮艇。

透過這樣的教學內容，「預防溺水」只是游泳教育下的附加價值，重點在於培養小孩愛玩水的心，並在玩樂中學習到各類水中自救技巧。

游泳技巧只是基本，提升「防溺自救能力」才是重點

臺灣現行的游泳教育，只能讓我們在「踩得到底的游泳池」游泳，而且是在有「蛙鏡」的情形下。錯誤的游泳教育造成的結果，就是讓大家「以為自己很會游泳」；很多人對於在「踩不到底」、甚至只是在「比較深的泳池」游泳有無比的恐懼，即便是已經能長泳一千米以上的人，在這樣的環境下，同樣會對自身的游泳技巧有所疑慮。

我曾詢問過荷蘭友人上游泳課的狀況；荷蘭的游泳課每週上一堂課、平均要上一年才能通過最基本的A認證，而九十九%的荷蘭人都擁有最基本的A級證書；通過A認證也不代表多會游泳，只代表你擁有最基本的自救能力。

對比臺灣許多游泳班，荷蘭游泳課的教學重點，是讓你學習當遇到緊急狀況時所需的技巧。

因此，除了水中自救技巧，讓孩子瞭解什麼是正確的水域安全觀念，在溪流、海邊遇到有人溺水時該怎麼應對處理，這些都是在不下水的情況下能教導小孩的內容，既實用又能確保他們在出意外時能保護自己。

本書脈絡

有鑑於此，這本書分為五個部分，從不同的角度切入，幫助你循序漸進地學習。

第一部分是「水域安全觀念建立」。剛開始幫助大家建立最基本的玩水觀念，從衣著服裝、能量補充、安全裝備出發，以及在開放水域戲水要準備什麼。接下來分享最基本的救生原則，遇上不同情況時，我們該如何協助救援與自救。最後提醒大家容易溺水的高風險族群有哪些，必須特別注意。

第二部分是「戲水環境風險分析」。此部分會分為三個類別來分析：泳池、溪邊與海邊，每個場域有不同的環境風險與應注意的事項。內容包含如果在海邊戲水不小心被海流帶走怎麼辦，又或是不小心掉入深潭瀑布該怎麼辦？以及近幾年很熱門的「野溪溫泉活動」該如何做好風險控管。

第三部分是「溺水意外迷思破解」。許多人心中有一些戲水迷思，真的其來有自嗎？溺水意外發生的現況似乎與我們電影上看到的不太一樣？以及發現有人溺水時第一時間應該如何應對處理？在每個人心中或許有不一樣的答案，讓這本書來給你更多的實務經驗談。

第四部分是「自救求援技巧應用」。如上所說，臺灣的傳統游泳教育並沒有教我們如何在開放水域游泳，這也是造就溺水意外發生機率一直居高不下的主因。因此本章會教大家各種開放水域適合應用的自救技巧，以及如何製作緊急用救援浮具，幫助你我在遇上狀況時能提高溺水者獲救的機率。

第五部分是「認識水上活動風險」。臺灣畢竟是個海島國家且夏天炎熱，各式水上活動依然為許多民眾夏天的旅遊休閒選擇。本書從四個最主流的活動（浮潛、溯溪、獨木舟與SUP、潛水）去分析會遇到的風險，並提供避免發生意外的方法，以及真的遇上狀況該如何面對。

水域安全觀念建立

Part 1

ONE

1

玩水活動的行前規劃

臺灣是一座四面環海的海島國家，並且山谷溪流眾多，又處於炎熱的熱帶與亞熱帶之間，夏天玩水消暑休閒是許多家庭的選擇。然而，我們總是可以看到新聞上出現各種溺水意外新聞，可能是穿著不對的玩水服裝、可能是裝備不足讓自己陷入險境。

因此，在從事水上活動時到底應該要有哪些裝備、哪些準備，如何預防抽筋及避免發生溺水意外狀況，我們可以從以下幾個面向去探討。

安心玩水三要素

一、正確衣著降低溺水機率

當年我在海邊當救生員的期間，總是會看到有人穿著牛仔褲、棉質衣服下水；這些服裝吸水後會嚴重妨礙我們行動，且更會消耗我們的體力，進而提高溺水意外風險。

在從事戲水活動時，請著不會吸水的衣物；如果怕曝晒的人可以多加件水母衣進行物理防晒，或擦海洋友善防晒乳、頭戴遮陽帽，避免造成皮膚癌；另外也可戴太陽眼鏡保護眼睛，以免直視水面的陽光反射，造成角膜受傷。

二、定期補充能量以防抽筋

不知道大家有沒有發現，每當我們戲水完時肚子總是特別容易餓？其實這是因為水導熱的效率是空氣的二十倍以上，因此我們在水裡的熱量散失消耗會非常快，這是造成我們體力容易消耗、肚子容易餓的原因。而當我們身體能量不足時，就容易發生肌肉抽筋的現象，因此定期補充熱量，是避免抽筋最好的方法。

我們可以攜帶不容易腐壞、好保存、且具有熱量的食物，像是三明治、飯糰、餅乾、巧克力、運動飲料，都是不錯的選擇，也可以依據個人的喜好做調整。

下水前要準備這些

1. 正確衣著

請穿著不吸水的衣物。

2. 能量補充

不容易腐壞、好保存，且具有熱量的食物。

3. 安全裝備

救生衣、魚雷浮標等救生器材。

三、安全裝備以防萬一

開放水域戲水風險高，不過多數人去溪邊及海邊玩水時並不會多帶救生器材，像是救生衣、魚雷浮標。在沒有準備的情況下，如不小心發生意外就很難即時救援。

救生衣是最常見、簡單、實用的救生器材，穿在身上就有直接的效果；魚雷浮標則可應用在救援行動，拋擲給溺者拉人上岸；防水袋及浮水繩可製作緊急用浮具；哨子則能呼叫求援。

只要帶著這些安全器材，就能提高發生意外時的獲救機率。

溪邊玩水該多準備什麼裝備？

溪邊屬開放水域，其環境狀況隱藏了更多風險。在講完基本的衣著服裝、能量補充及安全裝備以後，有什麼裝備是去溪邊玩應該多備著的呢？

溯溪鞋幫你渡溪如魚得水

臺灣到處都有溪流溪谷可以玩耍，抵達難度不一，有的須徒步溯溪一段時間才能到達現場。因為多數溪流溪底青苔滿布溼滑，且溪流流速快，如果穿著沒有抓地力的球鞋甚至是拖鞋，很容易在渡溪的時候一不小心滑倒被沖走。

因此，建議如果是去需要渡溪的溪流環境戲水，建議都穿著溯溪鞋前往。

防寒衣提供額外浮力、保暖及緩衝功能

溪邊玩水要準備這些

1. 溯溪鞋

抓地力強，不容易滑倒。

2. 防寒衣

保暖、有浮力。

3. 頭盔

保護頭部不被落石砸傷。

如果是長距離的溯溪活動，或是想要比較長時間待在水裡戲水，建議穿著能夠提供浮力與保暖的防寒衣。防寒衣除了具有浮力效果有著類似救生衣的功能以外，也能像穿著衣服一樣提供一定程度的保暖。並且，在你不小心被沖走或滑倒時能緩衝撞擊，保護身體不受傷害。

頭盔防護頭部不受落石攻擊

多數的溪谷環境其實都會有落石，只是我們有沒有剛好遇上，如果是連日下雨或地震後，落石可能會更為頻繁。過去我們在帶隊溯溪時都會要求客人配戴頭盔；而如果是冬天去野溪溫泉，有些路線須長途跋涉且會經過落石區，建議也戴上頭盔以防意外發生。

海邊玩水該多準備什麼裝備？

海邊一般分為岩岸或沙岸，跟溪邊不同的地方在於海邊有風有浪，也會有許多民眾使用大型充氣玩具，存在著較多不確定風險。除了上述的安全裝備以外，我們也可以將以下裝備帶著。

「簡易帳篷」擋風遮陽

海邊為開放空間通常不會有任何遮蔽建物，除非是收費的海水浴場有提供陽傘或帳篷出租服務，不然就必須長時間曝晒在陽光底下，或是自行撐傘

海邊玩水要準備這些

1. 簡易帳篷

擋風又遮陽。

2. 厚底拖鞋

以防腳底被燙傷或被刺傷。

遮陽。因此建議可以帶一個三秒帳、或是簡易好收拾的帳篷在海邊使用。

「厚底拖鞋、涼鞋或膠鞋」防止腳底遇刺

夏天海邊的沙灘非常燙，穿著一般薄底拖鞋其實還是會感覺到沙灘的熱度，因此建議穿比較厚的拖鞋、涼鞋、或是整隻腳包起來的膠鞋，以防腳底燙傷。

根據我的觀察，在海邊最常遇到的意外並不是溺水，而是踩到尖銳的貝殼、酒瓶玻璃碎片、或鐵絲魚鉤弄傷腳。厚底的鞋子不僅能保護你的腳底不被刮傷扎到，在岩岸礁石上也能走得較舒適。

最後幫大家整理一下，我們可以依據行程的目的及同行友人能力，挑選攜帶符合需求的裝備前往。有些裝備會因地點環境狀況不同會有所差異，但有些裝備是必須的，備而不用總比遇上萬一來得好。

必須物品

- **衣著服裝：**泳衣泳褲或適合下水的排汗衣物、水母衣、太陽眼鏡、遮陽帽、防晒乳。
- **能量補充：**例如三明治、飯糰、餅乾、巧克力、運動飲料等。
- **安全裝備：**救生衣、魚雷浮標、防水袋，浮水繩、哨子。

不同水域環境所需

- **溪邊戲水：**溯溪鞋、防寒衣、頭盔。
- **海邊戲水：**帳篷、厚底拖鞋、涼鞋或膠鞋。

TWO

2

什麼是溺水救生的「黃金三守則」？

救人的第一先決條件，就是「確保自己的安全」，這是我們在救生訓練中教的第一件事。此外，在救生員的訓練課程中，還會教許多水域安全觀念及水中自救技巧，讓我們能依靠這些原則及指導隨機應變。

救生守則第一條：岸上救援先於下水救援

在臺灣，多數人其實沒有太多水域安全觀念，也不會水中的救援技巧；如果遇到親朋好友發生溺水意外，通常就是不管三七二十一直接跳下水去救人，然而這樣的「直覺反應」，往往造成救援者與溺者一起溺水的風險劇增。因此，在發現有人溺水時，應先保持冷靜，判斷是否能以不入水的方式在岸上救援。

當有人發生溺水時，假設現場的目擊民眾只有你一人，如果你決定先下水救援而不是打電話報警，就有可能發生雙雙溺水，卻無人可以幫忙向外求援的狀況。

因此，如果因情況緊急不得不下水救援，下水前一定要先觀察溺者位置、現場環境狀況、水流速度、水潭深度，以及地形狀況與救援距離等，判斷完後再決定從哪裡救援、哪裡上岸。千萬不要一股腦兒就跳下水，以免在缺乏救援與撤退策略下，徒然讓體力在水中消耗殆盡。

孩童平時就要模擬訓練

在發生意外狀況時，因為小朋友不管在體力、能力、或是判斷力方面通常都遠不及大人，所以以上的救溺注意事項一定要讓小朋友反覆口述演練，熟練到可以下意識做出行動。

在教導初期，為了避免小朋友混淆，我們可以先請孩子記住口訣：**「呼叫求援，絕不下水。」**

救生守則第二條：器材救援勝過徒手救援

如果你曾經看過救生員在開放水域執行救援任務，就會發現這些救援者並不會「徒手」下水救援，而是攜帶了各種因應狀況使用的浮具。

根據我在海邊執行溺水救援任務的經驗，救生員最常使用的救援器材為「魚雷浮標」或「救援板」，海巡則會穿著救生衣開ＩＲＢ（橡皮艇）前往救援；如果在溪邊，通常是由消防隊負責，多會穿著防寒衣、救生衣、頭戴頭盔，還會帶著拋繩袋及繩索等技術裝備前往救援。

為什麼救援時器材如此重要？

目前臺灣的學校多設有游泳畢業門檻，但僅要求能夠游完二十五公尺，且一般民眾的游泳能力有限，通常也沒有在開放水域游泳的經驗，若在沒有器材的情況下水救援風險很高。即便是專業救生員，在訓練過程中也只有練習拖帶溺者游二十五公尺，再遠的距離會對救援者造成極高的救援風險。如果救援者不幸體力不支或遇上其他棘手狀況，就可能發生雙雙溺水的意外。

因此，任何具有浮力的裝備都可以在危急時刻成為救命的關鍵器材，除了大眾知道的救生衣、救生圈以外，其他垂手可得可製作成緊急浮具的器材，請參考本書 P.211，〈Part4-3、浮具的救援應用與製作方法〉。

救生守則第三條：團體救援優於個人救援

人多好辦事、團結力量大，套用到救援也是一樣。

如果溺水意外現場只有溺者跟你兩人，當你下水救援發生狀況時，就沒有人可以即時幫忙通報警消單位；如果使用橡皮艇等器材救援，也無法一個人獨立操作，需要有人在船頭指揮，一人開船、另一人拉溺者上船。不管從哪一個角度出發，多人的配合才可以讓救援發揮最大效果。

沒有器材也可以團體救援

有些意外現場，可能沒有任何浮具可以使用。這時如果情況允許，可多人採手拉手的「人鏈」方式救援；或是岸上有人協助抓住救援者，救援者用腳伸出去給溺者抓住的「腳援」。

這些都是在沒有器材的情況下，可多人配合完成救援的方法。一個人的力量有極限，團隊總是能發揮出更大的力量，也可以較無風險地達成目標。

• • •

最後必須再次強調，不管我們採取哪一種救援方式，都還是會有其風險。除了審慎考量當下環境是否適合救援以外。也建議大家下次去戲水時，一定要謹記上述三原則，讓我們在協助他人脫困時，也能確保自己的安全。

溺水救生黃金三守則

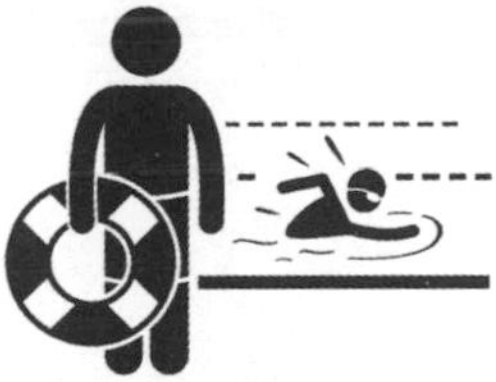

1. 岸上救援

先自保，再求援。

2. 器材救援

利用浮具救援才是上策。

3. 團體救援

團隊救援成功率高。

意象訓練

提前意象訓練，危急時刻才能即刻反應。

THREE

3

救援五步：「叫、叫、伸、拋、划」

根據世界衛生組織（ＷＨＯ）發表的「全球溺水報告」中，引述了一段澳洲於二〇〇二～二〇〇七年提交的水上意外統計：當地期間共累計十五起溺水意外，為了營救這十五起意外裡的兒童，總共有十七名成人跳下水去救人，其中也有救生員；結果，十五起意外中溺水的兒童有十四人生還，但十七名救援者竟全都不幸犧牲了。

救人是一門專業，而多數游泳單位並沒有教水中自救或救援技巧，即便有教也只是草草帶過，而且教學內容並不一定符合實際溺水狀況，導致臺灣人民常常用錯誤的方式在救援。

退一萬步來說，即便在游泳池學會了這些救援與自救技巧，在不熟悉的開放水域，又有多少人在遇到意外時，有能力應對處理呢？

救溺五步：「叫、叫、伸、拋、划」

消防署為防範因戲水可能發生的危險，除了常會提醒民眾務必選擇有救生人員的合法場域戲水之外，針對發生溺水意外時要如何應對處理，也有推動相對應的口訣：「叫、叫、伸、拋、划」。此口訣可以因應大部分的溺水情況，讓民眾在戲水消暑之餘兼護平安。

第一步、叫：大聲呼救

呼叫的目的是為了讓現場的人知道目前有意外狀況，因為狀況可能會危及到其他人的安全，又或是需要在場的人協助救援。像是遇上溪水暴漲或瘋狗浪時，知會在場的其他戲水民眾趕緊避難；遇到有人掉進深潭或被海流帶離漂走時，會請救生員及岸上的人協助幫忙。

相關的救援技巧及自救原則，我會在後續章節一一跟大家解說。

第二步、叫：打電話求援

當我們讓周遭的人都知道現場有狀況時，如果現場有受過訓練的專業人士會開始嘗試岸上或下水救援。多數沒有相關經驗的民眾，可以打電話向一一九、一一八、一一〇、一一二請求外部協助，不管是打給警察局、叫救護車、甚至是海巡署都可以。

尋求外部協助的原因，是因為現場的人力資源不一定能處理當下的溺水意外狀況，救助起來的民眾或許也需要後勤送醫。而且救援過程有許多不確定因素，常常只是報案時間差個幾分鐘，就導致天人永隔的憾事發生。

第三步、伸：用延伸物讓溺者抓住

上一篇有提過「岸上救援先於下水救援」，非專業人士千萬不要下水救人。因此，我們可以在岸上找尋能夠延伸較長的物品想辦法遞給溺者，一般像是溪邊的長樹枝、竹子、身上的皮帶、攝影機腳架及自拍棒、甚至是將衣服脫下來綁成長條狀，都是可以協助救援溺者的工具。

第四步、拋：將漂浮物拋向溺者

當溺者離岸邊過遠沒有辦法直接將救援物品遞給溺者抓取的時候，改將各種能提供浮力的裝備拋擲給溺者，像是救生衣、游泳圈、寶特瓶、甚至是保冷冰箱。

關於浮具的製作，P.211，〈Part4-3、浮具的救援應用與製作方法〉會再教大家更詳細的操作方法。

第五步、划：利用大型載具如船、浮木、救生圈、魚雷浮標等，划向溺者

除了上述的遞物品與拋浮具給溺者外，在海邊很常發生溺者被海浪或離岸流帶離岸邊數十公尺之遠，這時候就不是單純地運用簡單浮具就有辦法救援溺者了。

此時如果手邊有獨木舟、立式划槳（SUP）、或是衝浪板等大型載具型浮具，即可在環境狀況允許的情形下利用它划向溺者。

• • •

絕大多數當我們發生意外時，身邊都會有朋友或其他陌生人在；即便如此，如果我們不能在水裡撐個二十分鐘，可能也等不到救難人員來救你。我們不一定要像救生員一樣有救助他人的能力，但至少要有**「撐到救難人員來救你的能力」**及**「岸上協助他人脫困的救生觀念」**。

救援五步：叫叫伸拋划

叫：大聲呼救

叫：電話求援

伸：延伸物品

拋：拋擲浮具

划：大型載具

這一切不只是為了自己，還能保護你在意的人。如果你懂水域安全觀念，知道發生意外時如何岸上求援、水中自救，一定可以大大降低意外的發生，安心享受水上活動。

FOUR

4

沒經過訓練，千萬別下水救人

為什麼救援者常與溺者一起罹難？

每到夏天總會看到許多溺水意外新聞，其中不乏聽到有英勇跳下水救人的民眾，最後跟溺水者一起被消防人員救上岸。

通常這些意外上了新聞以後，網路上總會出現以下言論：「是我才不會跳下去救呢！」、「又不是我小孩幹嘛去救」、「急著送死才跳下去！」這眾多聲音背後都是同一個涵義：「我又不是笨蛋，才不會下水去救人」。

但事情真的有這麼簡單嗎？

人的下意識，是很難抗拒的

臺灣其實是相對溫情、對人友善的社會，民眾熱心助人，只要聽到有人在呼救，多數人都會靠近予以協助，特別是小朋友在求援時。

因此，通常的情況會是，在救難人員到達之前，就會有自告奮勇的民眾捨身跳下水，完全不顧自身安危；而如果溺水的人剛好是你的小孩、親戚、好朋友，這種狀況更是屢見不鮮。

如果是在陸地上，或許還不會有太高的危險性；但如果是在水裡，通常會讓救援者深陷危險之中。在現實中，意外總是來得又快又急，岸上的人常會失去冷靜無法理性做判斷，更不用說是水中的溺者了。

溺者會緊抓著救援者不放

當救援者游到溺者身邊時，對溺者而言救援者根本是一根老天賜予的浮木，此時會下意識地抱緊、抓住、鎖喉糾纏著救援者、甚至把救援者壓入水中，只為了讓自己上浮呼吸到那麼一點新鮮空氣。溺者通常沒有惡意，只是你對於他們來說實在太重要了。

多數沒有救援經驗的民眾就會被溺者拖至水裡，最後雙方一起體力不支沉入水中。

即便是救生員，結果也不一定會比較好

臺灣配置救生員的游泳環境，九十九％還是以游泳池居多。依據消防署統計游泳池溺水意外發生機率約一・五％，是各種水域中風險最低的。也就是說，其他風險更高的開放水域，很可能沒有派駐專業救生員，一切只能靠自己。

然而，多數的游泳池救生員都是剛出社會的年輕人、甚至是大學生；若是沒有從事任何開放水域的水上活動，在救援經驗上可能比一些常態性在從事水上活動的資深玩家還少。

因此，我必須說其實大多數的救生員都沒有救援的經驗。即便有專業的救生員剛好在現場，遇到狀況的反應可能也不會比一般遊客迅速。

如果真的不小心被溺者抓住，怎麼辦？

如果真的被情況所逼，現場無他人可以協助，狀況又很緊急不得不下水救人，然後救援者被慌亂無法冷靜的溺者抓住怎麼辦？

首先，我們要瞭解一件事：溺者抓住救援者往下壓的目的，是為了讓自己浮出水面吸氣。

因此，最好的解套方法就是救援者隨著溺者下壓閉一口氣下潛至水底，而溺者因為想出水面呼吸就會本能地鬆手往上游。此時救援者可游出水面，並拉開與溺者大約一・五公尺的距離，安撫溺者並重新思考救援對策。

• • •

在缺乏正確的水域求生與水中自救觀念下，許多人遇到突發狀況，卻因為沒有任何應變知識，而無法反應；最糟糕的情形是，若一旁遊客過度高估自己的游泳技術，看到有人出意外便下水救人，往往將導致更嚴重的人員死傷。

如果真的有人不幸溺水，請參考我們上篇提到的救援五步：「叫、叫、伸、拋、划」，將游泳圈、魚雷浮標、救生衣等浮具扔給溺者，若本身安全許可，也可直接將浮具遞給溺者。再次強調：**沒受過專業訓練，千萬別跳下去救人。若評估超過自己的能力範圍，務必直接通報求援。**

被溺者抓住怎麼辦?

1.
溺者為了呼吸，
下壓救者上浮。
2.
救援者下潛至深
處，溺者想呼吸
會本能放手。
3.
救援者游出水面，拉開
與溺者距離，安撫溺者
並重新思考救援對策。
1.5m

評估自己的能力，別輕易下水救援

FIVE

5

瞭解五大高風險溺水族群

游泳池、溪邊跟海水浴場是許多人夏天出遊玩水會去的地方，儘管每個地方有著不同的遊憩風險，但如果我們有觀察過那些溺水新聞事件，就會發現其實在不同的戲水場域，很多意外發生的原因大同小異，發生意外的族群也有共通性。

如果依照不同的水域環境來分析，根據我自己當救生員多年經驗觀察到的結果，常發生意外的族群大概可以分為以下五種：

1 **靜態泳池：**小孩子、老年人。

2 **開放水域：**喝酒人士、意氣風發的男性遊客、成群結隊的年輕男女學生。

靜態泳池：小孩子、老年人

靜態玩水的場所有很多，像是一般運動中心游泳池、飯店各種戲水空間、或是一些遊樂園滑水道等等，這些游泳場域都一定會有編制足夠的救生員在現場。不過，儘管有救生員在現場巡視走動，小朋友與老人長輩仍有可能發生意外。

不可控的小朋友

我們只要有去過游泳池游泳，就應該聽過救生員在現場規勸：

「用走的！」
「不要跑！」
「不要壓水道繩！」
「不要亂扔浮板！」
「不要跳水！」

因為小朋友就是喜歡玩，所以常常在泳池奔跑追逐、跳水扔玩具、玩互相壓來壓去的遊戲。在這樣的嬉鬧過程中，有可能會以為對方也喜歡，結果一個不注意造成對方嗆水受傷。又或者是小朋友的身高不夠高，但家長一時疏忽，讓小朋友跑到大人池玩，結果就溺水了。

身體有狀況的長輩

在游泳池時常可見長輩前來泡泡熱水ＳＰＡ及游泳，此外，如果大家常去運動中心應該就知道，運動中心附設的游泳池是政府委外給民間經營，依約定須提供「公益時段」，在特定時段六十五歲以上長者可免費使用，以回饋在地長者。因此，每當遇到公益時段時，泳池的長輩就會突然變得相當多。

除了少數身體相當硬朗的長輩，多數長者身體一定都有一些狀況，而隨著年紀越長心血管等疾病相對越多。除了游泳池溼滑容易跌倒以外，身體出狀況突然沉到水裡、或是使用ＳＰＡ造成暈眩昏倒的情形也時有耳聞，對於老人家來說游泳池其實隱藏了許多風險。

開放水域：喝酒人士、意氣風發的男性遊客、成群結隊的年輕男女

除了有制式深度大小的游泳池以外，許多人也喜歡到開放水域戲水，舉凡像溪邊、海水浴場等等。根據我多年在海邊當救生員及溪邊帶團溯溪的經驗，最常遇到需要協助救援的族群有以下三類：喝酒人士、意氣風發的男性遊客、成群結隊的年輕男女學生。

愛喝酒後下水的人

不管是國內遊客或是國外遊客，總是會有一群人到海邊溪邊喜歡飲酒作樂，而酒後下水則是一件非常危險的事！

酒精會降低我們的身體反應速度，讓游泳能力大打折扣；且喝酒後的人

通常都比較大膽且不會顧及自身危險，常挑戰一些高風險的事，像是跳水或自己跑到深水區去玩，而這樣的行為常常造成他人的困擾。

意氣風發的男性遊客

在戲水的遊客中，會發現有一群人講話特別大聲，似乎喜歡受到他人的關注。這個族群的男生通常會因為愛表現，跑去挑戰比較大的浪，或執意要前往水位比較深的區域。不過我很少看到這族群的人出現在游泳池游泳，根據我多年於海邊的觀察，他們通常不諳水性。

因此，如果當天環境狀況比較不好，人又可能因好面子不求援，就容易導致意外發生。

成群結隊的年輕男女學生

學生族群往往是溪邊海邊遊客的大宗，這些三五好友、男男女女結伴來出遊，常常會有以下幾種情況，讓自己與朋友陷入危險中：

- 表現自己很勇敢的感覺，跑到深水區。
- 為了跟女生有更多的肢體互動，拉著女生亂跑。
- 情侶想要獨自享受兩人世界，跑到沒人看管的地方。

• • •

出門玩水，本來就應該多注意自己的安全，而上述五大族群是我在戲水場域擔任救生員多年的實務觀察。建議每個人出門戲水要注意自己有沒有上述的行為；如果跟你一同出遊的家人朋友有其中之一的行為，請多注意並提醒他們，在哪些狀況中容易發生意外。

照顧好自己的安全，也是對同行人的一種負責態度。

戲水環境風險分析

Part 2

ONE

泳池 1

游泳池常見的溺水風險

新聞現場 NEW

■ 2020 年 11 月 10 日
摘錄自聯合報 / 記者徐如宜報導

高雄一所高職發生學生在游泳課溺水事件，根據媒體報導，當天游泳課進行五十公尺測驗，該名學生在終點前約一公尺處突然無反應、沉下水，在旁的救生員、體育老師和同學趕緊將他拉上池岸，送醫急救。

校方向媒體表示：當週是學校的游泳測驗週，當時游泳池旁黑板記錄池水溫度為攝氏二十五度。這名學生在同組測驗游得較慢，同學也有注意到，當他一往下沉時就被發現了，然而下沉前沒有呼救和其他反應。

室內游泳池對比溪邊、海邊等開放水域，戲水風險已經相對較小，原因如下：

- 一般游泳池深度約在一一〇公分～一五〇公分之間，而且是漸進式的變深。
- 現場一定會配置救生員。
- 如真的發生意外，有水道繩可緊急攀附抓取。
- 室內游泳環境不會有開放水域的風浪，也不會有把人帶走的水流。

雖然環境已相對安全，但為什麼仍有不少意外發生呢？

錯估身體狀況，是游泳池常見的溺水原因

從上述新聞事件，我們能看到這次的意外有幾個重點：

1 二十五度屬於較低的水溫，對於不常游泳的人來說，容易造成抽筋。
2 當事人可能游泳程度不好，硬要撐過導致閉氣時間過久直接昏迷溺水。
3 溺水的人，其實不一定有辦法呼叫求援（可參考 P152、〈Part3-3、溺水者其實比你想像中安靜〉）。

這次發生意外的同學，推斷可能是因為當天身體狀況不好、或是游泳程度不足，但為了要考試只好硬撐著游泳，導致身體缺氧昏迷溺水，連呼叫的機會都沒有。

其實，臺灣從十多年前就已經把游泳列為畢業門檻，但考核標準卻是很制式的距離要求，沒有教真正發生意外時派得上用場的技能。以至於名義上會游泳的人不少，但能夠自在地在溪邊海邊等開放水域游泳的人，卻是少之又少。

長輩也是高風險溺水族群

另外一種在游泳池常發生溺水狀況的人，是那種每天都會來游、甚至跟救生員都認識的游泳常客。這類型的泳客通常年紀偏大，為了保持身體健康所以每天會在固定時間來游泳。

根據我以前在學校和運動中心當救生員的經驗，這些長輩通常泳技都不錯，雖然速度不快但好像都不會累，能夠一直游個不停。對於我們這些在值班的救生員來說，其實很喜歡這種規律自主的泳客，因為他們通常不太會做什麼違規的事情，且有一定的游泳能力，也因此會少放一些注意力在他們身上。

不過，**這些年紀偏大的泳客可能本身有一些狀況或隱藏的發病風險**，我們很難知道這個每天跟你打招呼、可以游一千公尺不停的長輩，什麼時候會身體出狀況，游到一半突然沉到水裡。

我曾經有一位同事在值班時遇到這樣的意外，而事後詢問這位長輩，他也表示自己也不知道為什麼會游到一半突然沉下去。

附屬設施的隱藏風險

現在的游泳場館設施都相當多元，除了三溫暖ＳＰＡ、蒸氣室烤箱、兒童戲水區等以外，有些場域為了吸引泳客甚至加裝了溜滑梯及滑水道。大學期間我曾待過一間民營的游泳池，室內滑水道有三層樓高，夏天旺季還需多設立 名救生員在上方控管人流。

因為附屬設施越來越多，導致整個場域空間被拉大，不同設施容易妨礙到救生員執勤時注視的角度，**除非固定時間有人巡視，不然多數游泳場所永遠都有看不到的營業死角**。

在這種情況下，有些家長會認為自己的小孩有上過游泳課，已經達到政府設定的游泳考核標準，於是就放任小朋友自行玩耍，自己則是到隔壁的快速水道游泳，或是到三溫暖泡湯做ＳＰＡ。當家長不注意、救生員又剛好被其他設施擋住而沒有看到小朋友時，就很容易發生意外。

即便是游泳課，也可能發生意外

除了上述的狀況，夏天旺季總是會發現游泳池有一半的水道被規劃成教學區域，家長大多也會在這段時間帶小朋友去學游泳。不過，之前也曾發生過小學生在上游泳課時踩空跌落泳池，當時的教練又剛好背對著他在教其他孩童，沒有立即發現；所幸一旁的媽媽看見後衝上前，和救生員合力將孩子拉起。

教練在教學時，有時候會專注於教學動作，而沒有辦法顧到所有的小朋友，這時若是家長也沒有在現場觀看，小朋友又離開長椅區，不小心踩空跌落水池，就有可能在還沒有學會仰漂等水中自救技巧的情況下發生溺水。

另外，五到十二歲的小孩是最愛在戲水場合跑來跑去、甚至是跳水的族群。一般游泳場地大多溼滑容易跌倒，因奔跑而跌倒撞到頭或手腳被磁磚劃破也是很常發生的意外。除非救生員有強烈鳴哨規勸，不然家長通常都是在

游泳池常見的風險

錯估身體狀況

感冒或身體狀況不好時容易發生意外，而年紀大的泳客通常有心血管疾病，也可能運動到一半發病。

附屬設施死角

附屬設施導致場域空間被拉大，除非救生員走動巡視，不然一定會有看不見的死角。

教練教學疏忽

教練專注教學沒有顧到所有小朋友，小朋友離開長椅區掉入水中恐發生意外。

事情發生後才會告誡小朋友不可以奔跑，或是跟救生員吵得不可開交。

‧‧‧

下水前評估身體狀況，下水後注意營業死角

游泳池是大眾最常去的游泳及戲水場域，不過因為附屬設施多，若家長一不小心忽略小朋友的狀況，意外發生仍是時有耳聞。因此，雖然游泳池環境相對安全，我們還是須注意好自己的身體狀況，並留意身邊的家人朋友，才能開心玩水、平安回家。

TWO

泳池 2

飯店渡假村為什麼常出意外？

新聞現場 NEW

■ 2020 年 3 月 22 日

摘錄自聯合新聞網 / 記者羅紹平報導

臺中市八歲盧姓男童隨著父母與弟弟一起到臺東旅遊，意外被人發現，在溫泉渡假村成人泳池裡溺水。消防人員據報馳援，救護人員抵達時八歲盧姓男童已無生命跡象，經送往臺東馬偕醫院搶救，傍晚五點半宣告不治。盧父向警方表示，長子原在兒童池玩水，他在池畔陪伴，因在溫泉煮蛋區煮雞蛋，他去煮蛋區察看，再回來就不見長子。渡假村則表示，泳池配有一名救生員，根據監視錄影畫面顯示救生員依規定巡查成人泳池區與兒童池。救生員剛走過兒童池後，男童就在救生員背對兒童池時，起身跳進成人池中。

旅遊休閒容易產生的疏忽心態

旅遊渡假是國人放鬆的多數選擇之一，不僅沿途能欣賞優美的風景、大啖在地美食、享受天倫之樂以外，住在各種不同特色的民宿、飯店、或是待在渡假村中都是難得的體驗。因為在渡假時多數遊客處於非常放鬆的狀態，很多時候就會疏於照顧好自家的小朋友，就有可能發生像這次新聞中的意外。

除了像這則新聞的小朋友，自己跑到成人池玩發生意外，還有一種可能容易發生的狀況是：小朋友已經一溜煙地跑進游泳池獨自玩耍，救生員卻得協助遊客做其他事情，而沒有注意到現場狀況。

我曾經在三間不同的飯店當過救生員，飯店業屬服務業且是高消費的休閒場所，在以客為尊的服務精神下，泳池現場救生員有時還得身兼服務人員：像是拿毛巾給客人、提供點餐服務、協助將充氣玩具充氣、現場環境打掃、甚至是幫忙取景拍照等等。

對比傳統運動中心，飯店現場救生員反而花較少時間在「救生業務」上。

另外，很多飯店遊客都會在飯店泳池旁點酒精飲料，或是剛吃飽喝完酒就來泳池放鬆游泳。喝酒會大大延緩我們身體的反應時間，應該禁止下水，但現場救生員其實很難阻止此種狀況，這也是救生員身處服務業比較為難的地方。

飯店渡假村的戲水風險

許多民眾在安排旅遊活動時，會選擇飯店渡假村作為過夜的休息場所，現在的飯店也多有附屬設施供住客遊憩使用，其中包含了游泳池與戲水池。不過，這些設施可能有著大家意想不到的潛藏風險。

飯店渡假村與滑水道

為了提供眾多的遊客使用，飯店的游泳池通常不只一個，可能還有戲水池、各類造型設施等等，不僅幅員遼闊讓救生員難以兼顧現場所有遊客，甚至有時會有視線上的死角。

尤其假日時刻，這類水上樂園及渡假飯店的遊客會突然暴增，現場工作人員不一定能隨時照看到每個人，此時就很容易發生意外。

獨棟 Villa 游泳池

除了飯店本身的公共游泳池以外，在臺灣有許多五星級飯店會在獨棟Villa 房間設置獨立的游泳池，甚至是一些旅館民宿也都有提供這種設施。不過，這些房間不可能還會特別配置救生員，如果出了意外自然也不容易即時發現搶救，反而可能成為溺水的高風險場所。

另外，許多飯店為了造景好看，會將游泳池設計得看不出水深高低，不像一般泳池一目了然。這類非常規的設計容易讓人低估水深，也會相對增加戲水風險。

● ● ●

即使游泳池都會配置救生員，但旺季眾多的遊客可能會讓工作人員分身乏術。因此最能夠保障我們自身安全的，還是個人的戲水安全觀念與基本游泳技巧，安心玩水的方法，就是隨時注意身邊的家人朋友狀況，千萬別因為一時的大意造成不可挽回的後果。

ONE

海邊 1

善用資訊軟體判讀天氣

天氣判讀好幫手：中央氣象局&Windy

多數人在出門從事戶外活動時，一定會先看氣候預報，瞭解該地景點天氣狀況如何。在從事海上休閒活動時，根據從事的活動類型去判讀天氣是否適合前往，應是每位國民應具備的基本常識。至於如何判讀氣象是否適合想要從事的戶外活動？可以先看中央氣象局的長浪即時訊息與潮汐預報，確認今天是大潮還小潮。潮汐越大風險越高，因為海平面上下落差（潮差）越大。

長浪即時訊息

https://www.cwb.gov.tw/V8/C/P/Warning/W37.html

潮汐預報

https://www.cwb.gov.tw/V8/C/M/tide.html

另外，以下幾組會影響水域活動的關鍵字，大家一定要瞭解：

長浪

長浪（又稱瘋狗浪）與一般風浪的差別，在於波浪週期較長，只要週期超過十秒就有可能會發生長浪。因為發生的週期較長，蓄積的能量也多，因此浪的大小且浪打的深度都遠超過一般風浪。

另外，**長浪通常是隨機出現，跟天氣、風向沒有直接關係，天氣好的時候也會出現。**這也就是為什麼即便是好天氣，仍然會傳出有釣客與觀浪的民眾被長浪捲下海的原因；只要發生長浪通常都會造成重大傷亡。

浪高與風速

各個水域休憩活動對於浪高與風速的危險程度有不同的定義。像是潛水活動可能就需要較平緩的浪，最好在一米以下；而衝浪則可能依據你的能力有不同的需求，初學者可能一米浪就足夠，但中高階的玩家可能更喜歡二米浪；獨木舟與SUP在有強風的情況下較難划，但這也跟我們的目的地是順風與逆風有關係。因此，從事不同戶外活動應具備不同的專業知識，並且瞭解自身程度與能力，才能正確判讀適合的氣象與時機。

除了中央氣象局以外，Windy也是從事各種戶外活動時經常使用的氣象觀察系統。除了可依據各種數據資料觀測氣象以外，在判讀雨量、潮差、浪高、風向，透過設定皆可一目瞭然，是許多戶外玩家在安排活動前一定會使用的軟體。

如果你不懂得哪種水上活動應該要注意哪些天況與海浪風速數值的話，也可以使用政府近年推出的「GoOcean海遊通—海洋遊憩風險資訊平臺」。網站中整合了上述的海象數據，並針對衝浪、風浪板、游泳、潛水和獨木舟此五類海洋遊憩做運動分級，可以直接幫你判讀該地點現在適不適合從事上述的五項活動。

Windy

https://www.windy.com/?25.050,121.532,5

GoOcean

https://goocean.namr.gov.tw/Home/Index

隨著疫情降溫，疫情警戒也隨之降級，民眾也紛紛走出家門重拾戶外活動的樂趣，但也因此各地水域意外事件頻傳。這些意外事故的發生，多數是因為民眾不諳水性，或是對水域安全知識一知半解而做出錯誤的判讀，在不對的時間前往不對的水域從事活動，輕則徒增國家救援成本與救難人員風險，重則失去寶貴性命，留下傷心欲絕的親友。

如果我們能學習關於天候觀測與氣象資訊軟體的操作，進而降低戶外活動的風險，就能更享受水域活動帶來的快樂與心靈上的放鬆，也不會因此造成他人的負擔。

TWO

海邊 2

認識離岸流與潮汐變化

新聞現場 NEW

■ 2021 年 4 月 1 日
摘錄自聯合報／記者尤聰光報導

臺東都歷海灘今天下午近三點傳出一男子溺水，海巡及消防據報前往救援，男子被救起時沒有呼吸心跳。

第十三岸巡隊指出，下午接獲通報指出都歷海灘岸際有男子溺水，即派遣新港安檢所、金樽安檢所及第二機動巡邏站人員前往現場救援；另通報第十五海巡隊派遣海巡艇前往協助救援。抵達現場時發現溺水男子已由現場衝浪民眾及消防隊救起，現場施予心肺復甦術，並後送臺東醫院成功分院救治。

都歷海灘是許多衝浪玩家會去衝浪的地點，就像其他的浪點一樣，很多衝浪點都會有離岸流。

懂得運用離岸流的衝浪客會藉著海流來到 outside 等浪，省掉划手的力氣；不懂得判斷離岸流的戲水遊客則會在不知不覺被海流拉向外海，進而發生意外。

把人往外海帶的隱形殺手：離岸流（Rip Current）

正常的情況下，海邊因為地形擠壓的關係會產生浪，而浪打上岸就會造成不間斷的白花、綿延整片海岸線；但有時候會發生一種現象，**你會看到海岸線的兩邊有浪有白花，但就唯獨某一塊沒有，**

影片操作

離岸流：

https://lihi1.cc/hALR8

離岸流

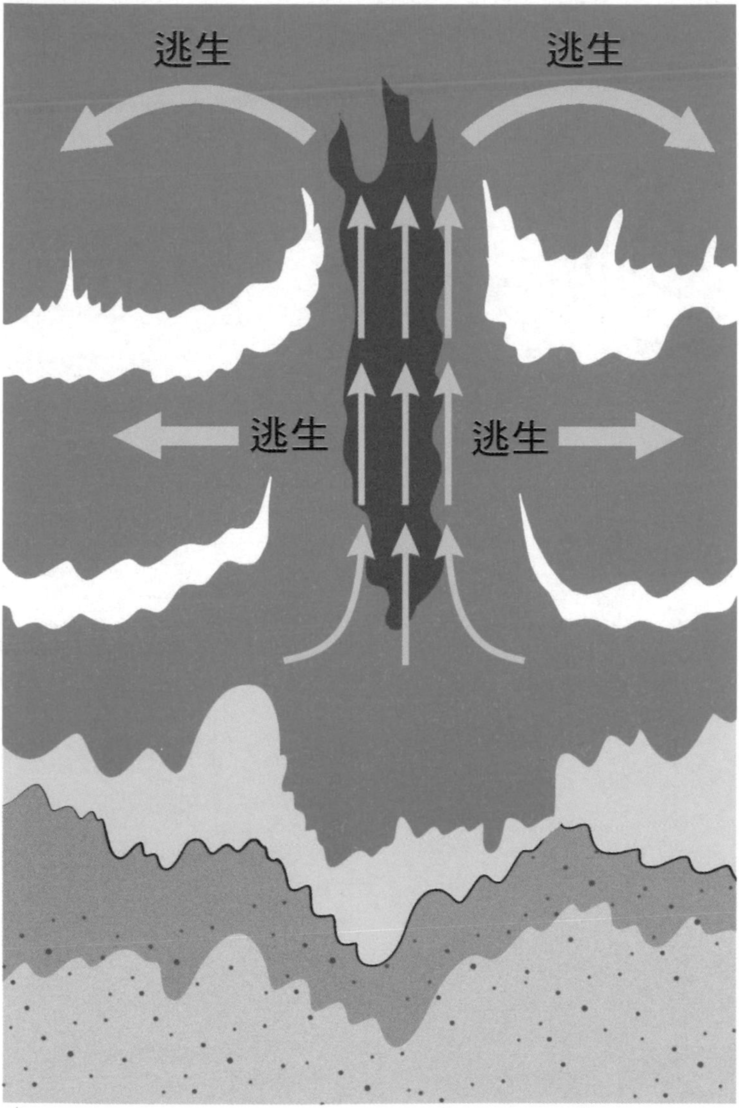

海岸邊兩岸有白花，但唯獨中間某一塊沒有，即是離岸流，欲逃脫請往兩側游出離岸流的範圍，或順著海流漂往外海再游回來。

離岸流

WHY：打上岸邊的海水往沙灘兩側推擠，匯集成向外海快速移動的強勁海流。

WHAT：海面兩邊有浪與白花、中間沒有，看起來無風無浪很平靜。

WHERE：易出現在沙洲之間、沿岸較低處，或是擺有消波塊的岸邊與碼頭附近。

看起來無風無浪很平靜，其實就代表那裡有「離岸流」。

會形成離岸流的原因，主要是因為當浪打上岸邊時，必須找到一個出口排解大量海水，讓海水退回海裡，因此會不斷將海水平行地往沙灘兩側推擠，最後就匯集成一道「向外海方向快速移動的強勁海流」，稱為離岸流。

根據維基百科的資料，這種水流的縱向長度達六十一到七百六十二公尺，但寬度大致上僅九公尺，流速最快達每秒兩公尺以上；不過維基百科為統計數據，基本上還是有例外的範圍大小出現。通常離岸流容易出現在沙洲之間，尤其是沿岸海底較低的地方，又或是擺有消波塊的沿岸與碼頭附近。出現離岸流的時間不一定，持續的時間長短也不一，有可能維持幾分鐘、也可能好幾個星期都沒消失。

當離岸流遇上「退潮」時，就是最危險的時間點，強大的拉力會因退潮將海水往外帶得更遠，必須特別注意！

下水前必查資訊：潮汐&漲退潮

除了許多公共沙灘可以衝浪戲水以外，多數遊客會選擇合法經營的海水浴場戲水，像是比較熱門的白沙灣、福隆及墾丁都會圍定較安全的戲水區域（通常是比較不會出現離岸流、水母較少的沙岸）供民眾玩水，並派駐救生員做戒護管理與協助救援，周邊危險區域也會做警告標語勸阻遊客下水。不過，除了這些有提供安全協助的場域以外，我們自己也應該多瞭解水域相關

潮汐 & 漲退潮

每日漲、退潮各六小時。

一天漲退潮兩次。

每日潮水時間差距約 48 分鐘。

知識。像是海邊會有天體運行產生的潮汐現象，也會影響到我們戲水的風險高低。**退潮的拉力強，如果又適逢大潮，這樣的環境狀況就會直接使戲水的風險增高。**

關於潮汐狀況，我們可以用上一篇說的中央氣象局&Windy來查詢。

真的不小心漂出去回不來，怎麼辦？

有時候群眾的戲水地點較偏僻，不一定會有

旁人可協助救援，如遇上漂離岸邊的狀況，多數人會因為緊張、恐懼而奮力往岸上游；但即便是非常擅長游泳的校隊選手，也必須在平靜水域且有戴蛙鏡的情況下，才有可能游出超過海流的速度。若只是一味地往回游，最後反而會耗盡體力，被水流帶著越漂越遠。

因此，這邊提供兩種不同的自救方法：

會游泳且能力不錯

如果你本身游泳能力還不錯，請往兩側游出離岸流的範圍，待脫離往外帶的海流後再往岸邊游。另一種方式，可以隨著離岸流漂出外海，再順著海流游回岸上。

不會游泳

如果你不會游泳或是無法靠個人能力游回岸上，這時候建議找時機點「呼叫

漂出去怎麼辦？

會游泳

往兩邊游出離岸流，再順著海流游回岸。

不會游泳

用仰漂在海上撐著保存體力等待救援。

求援」，例如發現岸上有人、海上有船、獨木舟、SUP、衝浪的人經過時，或是想辦法用最省力的方式在海面上撐著（水母漂或仰漂），等待救援。

• • •

即便學習了各種水域安全知識，但依然無法完全避免遇上溺水意外；如果真的不小心發生被海流帶往外海的情況，切記勿慌張。

如果是他人溺水，想辦法冷靜判斷現場狀況，協助救援；如果是自己溺水，想辦法用最省力的方式在海上撐著，不管是利用水母漂或仰漂等自救技巧，都能夠延長自己被救援的時間，提高獲救機率。

THREE

海邊 3

被瘋狗浪打落海怎麼辦？

新 聞 現 場

NEW

■·2020 年 9 月 7 日

摘錄自聯合報／記者戴永華、王燕報導

宜蘭頭城大溪漁港發生連三波瘋狗浪，造成四名釣客死亡，當時在當地的李姓釣客事發前剛好離開買便當並拍下浪況，不料下一秒瘋狗浪來襲，將釣客們捲入海中。直到當天傍晚，已造成四人死亡、一人命危、四人受傷、一人上岸後自行離開。

根據《中央社》報導，另外有位協助救人的吳姓釣客表示，當時連續三個大浪打來，他發現整排釣客都不見了，幸好其中有一人距離岸邊比較近，大家趕快把身邊可充當浮具的用品拋過去，再幫忙將對方拉上岸。受颱風海神外圍環流影響，這次的意外事件發生前，中央氣象局宜蘭站已連續三天發布宜蘭外海會有長浪的資訊，但還是不幸發生憾事。

觀浪與釣魚的殺手：瘋狗浪

根據氣象局統計，過去十五年全臺海岸發生瘋狗浪的事件已超過三百件，其中以東北角發生的次數最多，例如二〇一八年「宜蘭內埤海灘沙灘車業者被捲入海」的意外，也是瘋狗浪造成的。

瘋狗浪是怎麼形成的？

引述維基百科對於瘋狗浪的說明：「瘋狗浪或稱異常巨浪是海洋中的一種湧浪（又稱長浪），通常是受強烈的低氣壓引起，波浪受氣壓影響，傳播距離遠，挾帶的能量較大，傳播速度較快。這類風浪在大海不易察覺，往往到了岸邊時，常在地形效應下，突然出現三到四公尺浪高，在風不大時，更容易讓人失去戒心。」

簡單來說，當浪接近海岸時，因地形、海流、天氣等因素造成浪高突然增大撲面而來，稱之瘋狗浪。因為這種能量堆積的長浪，你不會知道什麼時候會達到臨界點，目前學界對於瘋狗浪的成因沒有一個定論，**也就是說通常浪打過來是無預警的、突如其來的，讓人沒有辦法即刻反應，容易造成傷亡發生。**

什麼時間點會有瘋狗浪？

瘋狗浪常發生在東北季風吹拂與外海有颱風的時候，根據「二〇一五年海洋大學、臺北城市科技大學及氣象局海象測報中心合作的研究報告」指出，在有東北季風的時節，瘋狗浪的發生，以一、十一、十二月這三個月最多，平均每個月超過二十起事件；而在颱風容易生成的七到十一月，則是每月發生十五起以上，其中發生次數最多的為九月。

根據天氣風險公司總監賈新興的歸類，整理出四個常出現瘋狗浪的時機點：

- 冬天有東北季風時，因風的吹拂導致東北角海邊容易產生瘋狗浪。

瘋狗浪

WHY：強烈低氣壓產生能量堆積，浪被推至岸邊時因地形效應造成浪陡升。

WHEN：東北季風吹拂與外海有颱風時；或是農曆初一、十五大潮前後三天。

WHERE：漁港等直立海岸釣魚平臺、海堤消波塊、海底礁石多的海灘。

- 夏天吹西南季風時，西部海岸線依然有可能會有瘋狗浪產生。
- 颱風生成前後時，外海的能量容易造成瘋狗浪發生。
- 農曆初一、十五前後三天，因為是大潮也容易發生瘋狗浪。

瘋狗浪容易在哪形成？

從以上的資訊我們可以判斷，瘋狗浪是由於地形落差與海浪的交互關係造成的。當中央氣象局發布長浪警報時，我們就必須多加注意避免去以下地點：

- 漁港等常見海釣處。
- 直立海岸的礁石。

- 直立壁近海平臺。
- 海堤消波塊。
- 海底礁石多的海灘。

以臺灣的海岸線來說，像是基隆市外木山、瑞芳陰陽海海濱、新北市三貂角、宜蘭內埤海灘或是臺中市清水北防沙堤都是好發瘋狗浪的危險海域。

落入海中，應該借浪上岸還是漂離岸邊等待救援？

很多人颱風前後喜歡跑去海邊觀浪，有些民眾會站在路邊的涼亭或靠著馬路上的欄杆自拍，有些甚至會直接跑去海灘，享受海景第一排的觀浪震撼感，完全置自己的生命安全於不顧。

由於颱風外圍環流過後是許多魚類靠近岸邊的時機點，這時魚況較佳，也成為許多釣客前往危險區域釣魚的理由。不過，由於許多釣客只是手拎著釣魚冰箱、帶著小板凳和陽傘，在礁石或漁港區找一處好位置即開始釣魚，並不會著專業的救生衣及防滑釘鞋，若遇上天候不佳便容易發生意外。

針對釣客行為，在某些禁止垂釣的港口，可以根據《漁港法》規定處新臺幣三萬元至十五萬元罰鍰，但多數釣客並不會待在特定漁港，目前也沒有法令規定垂釣者必須穿著救生衣及防滑釘鞋，且因為夏天炎熱，穿著這些裝備不好散熱容易令人不適，故許多釣客索性抱著僥倖心態不穿。

當不小心被瘋狗浪捲出去時，可能會遇上兩種狀況：

一、後面還有浪

一個人被浪捲出去時，本能反應都會想要努力游回岸上，但如果是後續還有浪的情況下，不建議此種做法。因為通常觀浪或釣魚的位置，岸邊多是消波塊、礁石或直立壁近海平臺，這些石頭通常會因為附著生長了一些海漂植物而相當尖銳，所以貿然地游回岸上很有可能反被刺得遍體鱗傷，或是被大浪一打就撞上礁石暈厥。

建議做法：在靠近岸邊的區域，通常會因為浪大而影響到船隻救援，故建議往外海游，順著海流漂到沒有浪的區域，冷靜等待救援。

二、後面沒有浪

通常長浪是有週期性的，如果觀察發現後面已無明顯大浪，才有機會趕緊上岸。

建議做法：趁著下一波週期性的浪出現前，想辦法游回岸上，或是請其他民眾協助扔擲浮具把自己拉上岸。

儘管兩種狀況有不同的建議做法，但方法是死的人是活的，我們還是得依現場情勢做判斷，選擇最有辦法提高存活機率的方法。

如何避免落海

颱風前後不觀浪

釣魚地點要慎選

落海如何自救

後面有浪

可能被浪推至礁石撞傷暈厥，建議往外游到無浪區等救援。

後面無浪

趁下一波浪出現前游回岸上，或是請岸上民眾扔浮具救援。

• • •

瘋狗浪是海邊非常容易致命的一種大自然現象，除了沒事不要在有鋒面時跑去海邊觀浪以外，釣魚也應準備安全裝備，穿著救生衣、溯溪釘鞋；去岸邊時也先多觀察五到十分鐘，看看是否有浪打上岸；當出現「平均風力六級、最大風力七級和最大陣風九級」，也不要去海邊垂釣。

氣象局也有提供三個口訣，希望各位民眾記住：

1 好發的時節不近海。
2 常見的地點請遠離。
3 警告的標誌要注意。

ONE

溪邊 1

溪邊的風險因子：翻滾流 & 迴流區

新聞現場

NEW

■ 2020 年 8 月 23 日

摘錄自聯合報 / 記者范榮達報導

苗栗縣政府消防局接獲報案，一名遊客從苦花潭頂跳水，下水後不見跡影，警、消緊急動員，到場處理及搜救，下午一點半左右在苦花潭水裡，尋獲一名年輕男子，已經失去呼吸心跳，苦花潭離入口處約半個小時路程，消防隊員一路心肺復甦術搶救。

消防局第三大隊指出，通往苦花潭的產業道路有公告禁止溯溪、戲水的公告，尤其是跳水危險性更高，產業道路又狹窄，救援有困難度，要請遊客三思評估安全。

為什麼溪邊溺水機率這麼高？

不知道大家平常會不會去溪邊玩水？可能是跟家人去溪邊踩踩水消暑，或是跟三五好友去烤肉、看瀑布或深潭跳水。許多人認為海邊溺水的機率比溪邊大很多，畢竟海邊一望無際、海洋深不可測，也更容易引發恐懼感，況且我們又時常會看到大浪把人捲下海的新聞。

不過，溪邊溺水的機率其實比海邊高很多！

根據近年來消防署的統計資料顯示，**臺灣最常發生意外的水域環境其實是「溪流」，占所有溺水意外事故約四十一%**，海邊的占比大約是二十五%，而泳池只有最低的一・五%左右。這是因為臺灣島嶼小，超過三千公尺的高山卻有逾百座，導致山區其實沒有太多的集水空間，而結果就是每次下下來的雨會很快地從山上流下來，導致臺灣的溪流不僅蜿蜒、流速快，而且很容易形成各種把人卡住的地形，讓戲水的風險升高。

當遊客不知道如何判斷環境風險，只是跟風來玩、沒有攜帶任何安全裝備的話，就非常容易發生溺水意外。

溪流殺手：翻滾流、迴流區與水面白花

臺灣有幾個非常熱門、但也非常容易出意外的溪流，像是新北三峽區的大豹溪，年年都有人發生溺水意外。即便現在已有紅十字會救生隊和救生協會在幾個比較危險的地方派駐駐點救生員，但還是會零零星星聽到意外發生；所以民眾自己懂得判斷現場的水域狀況，才是避免發生意外的不二法門。

翻滾流（Hole）

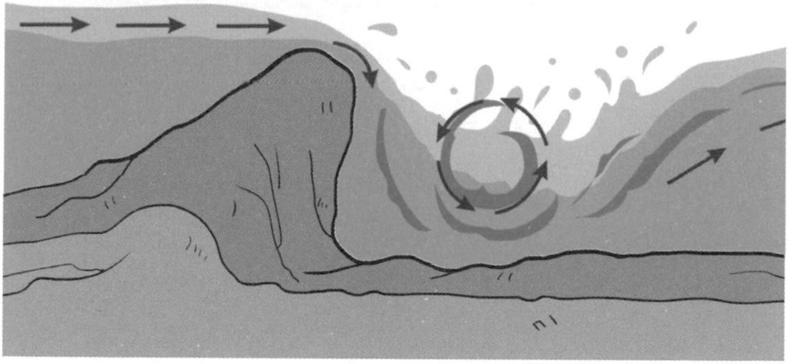

溪流經過有高度落差的地形時（例如瀑布落下、攔沙壩等），會在下方形成翻滾現象。因為水流可以從最底下流出，但上面的空氣會被水流捲入，當水流的浮力大於水流動的慣性時，就會形成迴圈。人在裡面會卡住、翻滾，甚至被吸附而無法脫離，這種情況常發生在跳瀑布深潭的遊戲中。

建議解法：當遇到這種情形，幸運的話你會被水流帶出迴圈到下游，但若不幸持續翻滾的話，可以找機會順著迴圈水流下潛至水底，貼近池底「平潛」游出（詳細操作方式P114〈溪邊-3 掉入深潭瀑布怎麼辦？〉會再多做說明）。

迴流區（Eddy）

當水流從上游往下流，經過河道縮減處時，多餘的水流容易向兩側形成迴圈，進而形成迴流區；又或者是河道兩側如果突然有開口，水流會自動流入形成迴流區。迴流區會將旁流過的物體捲入其中，無法脫離。

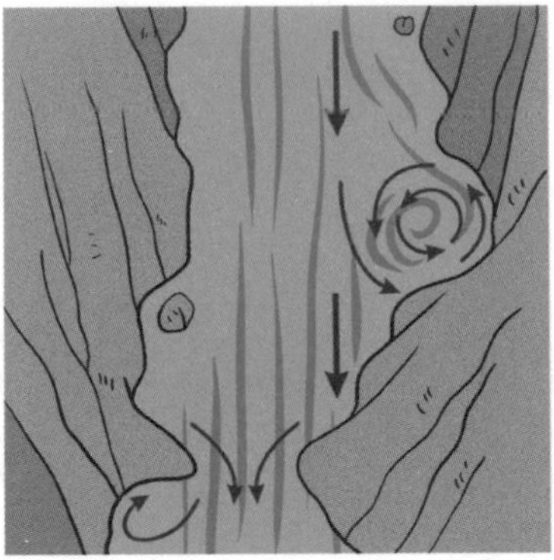

有些人喜歡乘坐在游泳圈上順著溪流往下玩漂漂船，這時就容易被帶入迴流區中。

建議解法：當遇到這種情形，可以讓自己順著水流的方向移動，在抵達主要溪流位置時奮力游出這封閉的迴流區。

水面白花

當溪流在河道上遇到障礙物時，會激起白色的水花，影響我們的視線，容易讓我們在過河渡溪時踩空滑倒受傷。

建議解法：我們可以利用登山杖或撿拾長樹枝做為支撐渡溪，又或者是避開這些視線不佳的行進路線，避免因為滑倒而被溪流沖走。

影片操作

溪邊迴流區解說：

https://lihi1.cc/MDMJQ

迴流區的形成：

https://lihi1.cc/NXMLd

溪邊是臺灣溺水意外發生機率最高的場域，但夏天至溪邊消暑是許多人的假日休閒方式，不過不管是到溪邊泡泡腳或是跳水遊憩，都一定要注意環境所隱藏的風險。

在高風險的環境從事玩樂活動，必須更注意自身安全，看懂溪流的水域環境楣角，才能讓我們玩水無後顧之憂。

即便你是個不下水嬉戲的人，如果你懂得上述水域安全觀念，就能夠幫助你的親朋好友避開可能發生危險的區域，也可以避免陷入道德風險甚至是各種法律責任，況且親近的人若真的發生意外，所受的感情傷害與衝擊更是令人難以承受。

TWO

溪邊 2

被溪流沖走如何自救？

新聞現場

NEW

■ 2020年6月25日

摘錄自蘋果日報 / 楊勝裕、呂健豪報導

新竹市四名高中生相約前往新竹縣內灣遊玩，中午用餐後因當時天氣十分炎熱，便有人提議到內灣大橋下方玩水消暑，卻有兩人不幸溺水。新竹縣消防局橫山分隊接獲報案後立即派遣人員前往搶救，趕抵時溺水的兩名少年已失去蹤影，多名搜救人員穿著潛水裝下水搜救，最後在三米深的潭底發現曾、劉兩少抱在一起。兩人被打撈起來時均已無呼吸心跳，同行的王少及張少見好朋友溺水，緊張地不斷呼喊兩人名字。救護人員立即在現場做心肺復甦術搶救兩名溺水少年，並隨即送往竹東榮總及竹東臺大醫院搶救，但一個多小時後仍回天乏術。

溪流狀況跟你「看」的不一樣

除了落石以外，一般民眾去溪谷戲水最常發生的意外就是「不小心跌入深潭」及「在溪流中跌倒被沖走」。

由於溪谷是由許多大大小小的石頭組成，並不像多數沙灘是慢慢變深，很有可能腳踏的石頭再往前就是陡降的深潭。如果在下水前沒有觀察過水域地形及深潭深度，很有可能一往前走就直接跌入，旁邊的朋友甚至來不及拉住你。

除此之外，溪流的流速相對於海邊的流速更快，且溪流「水面」的流速跟「水裡」的流速是不一樣的，而流速差也容易造成戲水時跌倒。當我們在膝蓋深的溪流玩水時，這樣的深度常常就已經讓許多人站不穩。

有些溪床雖然不深，但溪底是被溪流打磨後圓滾滾的滑石，石頭上可能還布滿了藻類，在沒有穿溯溪鞋的情況下踩上去，滑倒的機率相當高。因為

溪流隱藏風險

陡降深潭

流速快

溪底溼滑

人站不起來、游泳能力又無法對抗流速，結果就是被水流一路帶往下游。

根據我的觀察，大多數的遊客到一個新環境時並不會先觀察地形、水流速度與方向、潭水深度、是否有漩渦、溪床是否布滿青苔等環境風險，甚至是不知道怎麼觀察。在沒有判斷風險的能力下從事溯溪活動，就很容易造成意外發生。

判斷渡溪點與過溪策略

一般來說，只要水深及膝，就會明顯感受到水流的阻力，也因為溪水流速快，身體容易失去平衡。

利用登山杖或撿拾長樹枝做為支撐

因此，為了渡溪時方便平衡，建議兩手空空以免遇險時分身乏術，或者**利用登山杖或撿拾長樹枝做為支撐**。渡溪時也建議順著水流方向「斜著走」，順流而行的方式會讓渡溪更輕鬆。

另外，不管是休閒玩水行程還是專業溯溪活動，都免不了過河渡溪，除了穿著溯溪鞋避免踩到溼滑青苔跌倒，在正確的位置渡溪也是非常重要的事。

走疊石做記號之處

像登山或溯溪這種須找尋路徑的戶外活動，如果是熱門路線，通常都會有前人在適合的渡溪點或路徑上用「疊石」做記號，也就是由大至小往上疊的石頭，只要稍加留意應該能注意到。

渡溪策略

登山杖支撐

順流斜走，利用登山杖或長樹枝支撐。

找疊石

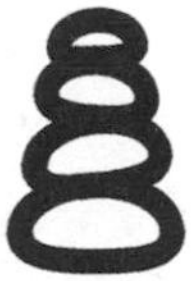

適合的渡溪點通常會有「疊石」記號。

寬廣溪面

寬廣溪面流速慢，通常更適合渡溪。

溪面寬廣流速慢

其次，建議避開有漩渦跟白花的地方渡溪，這些地方不易辨識溪底狀況與水深，容易有潛藏風險。另外溪面寬廣的地方流速較慢，通常比溪面窄、流速快的地方更適合渡溪。

真的被沖走怎麼辦：攻擊&防守式自救策略

根據我自己帶團及救生的經驗，通常被水流沖走的第一件事就是要想辦法「保

護好頭部安全」。因為當你不小心被沖走，若是撞上大石頭昏厥，將無法保持頭在水面上呼吸，結果就是溺水身亡。

一般來說，多數民眾去溪邊玩水並不會戴蛙鏡，而能把你沖走、無法站起來的溪流水量通常都不小，跟平時在游泳池裡有戴蛙鏡，能夠正常游自由式或蛙式的狀況完全不同，這裡分享兩種可能可以幫助你脫離險境的辦法：

攻擊式：游抬頭捷逆流而上

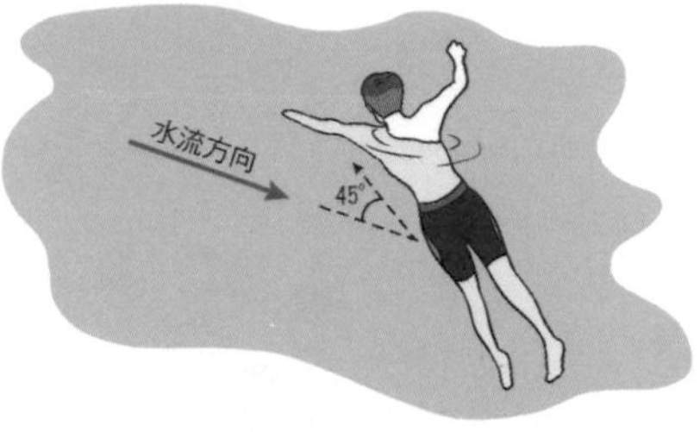

如果你剛好受過救生員訓練或是游泳能力相當不錯，可以選擇臉面向上游方向，斜四十五度角逆流而上游抬頭捷（抬頭的自由式），努力地往岸邊游去。如果溪水夠深、腳不會踢到底部，也可以嘗試游抬頭蛙。

防守式：手抱胸、腳朝下游抬起

如果你不擅游泳，又或是溪水流量過大，可以改以防守式保護自己。雙手抱胸口臉朝上、腳朝向下游並抬起離開水面，人呈仰漂動作。

腳抬高的目的，一方面可以避免身體撞到溪床底部造成人往前翻，另一方面可以蹬開岩石倒木等水中障礙避免直接撞上，也能防止自己卡在溪流中的障礙物上無法脫身。

不過，通常在沒有穿救生衣的情況下，其實是很難做防守式還能讓腳漂出水面。因為純仰漂的浮力不夠，我們只能盡量將腳抬高，以免腳撞到地板造成翻滾。

影片操作

攻擊式＆防守式：

https://lihi1.cc/llcaa

THREE

溪邊 3

掉入深潭瀑布怎麼辦？

新聞現場 NEW

■ 2019 年 10 月 12 日
摘錄自中時新聞網／湯萱樂報導

十四歲的顏姓民眾，趁國慶連假到南澳鄉金岳瀑布遊玩卻發生溺水意外，在旁的鐘姓男子聽見「救命」呼喊立刻跳下水救人，他將少年救起後遭漩渦拉入深潭失去生命徵象，一旁曾姓士兵及彭姓游泳教練立刻上前實施心肺復甦術，幸在警消及軍民合作下，鐘男已脫離險境。

很多可以跳水的瀑布深潭都會有翻滾流的現象產生，因為地形落差水流形成迴圈，若是被捲入翻滾流，人會被水流卡住、翻滾，無法脫離。

因此，掉入瀑布深潭的狀況可以分為兩種：

1 深潭有形成翻滾流，會把人拉住在水流中翻滾。
2 深潭沒有形成翻滾流。

深潭有形成翻滾流，怎麼應對？

如果去溪邊玩耍，「理想上」穿著救生衣最好，不過就實務經驗來看，我自己遇到的遊客十之八九都沒有穿著配備。

在遇到翻滾流的時候，救生衣很可能會讓你卡在水流中無法脫困，固有兩種狀況：

沒穿救生衣

因為沒有救生衣的浮力，所以你可以順著瀑布水壓潛到水底，再順著潭底水流平潛出來。

有穿救生衣

依然可以嘗試穿著救生衣潛至水底平潛游出來；但救生衣的浮力可能會讓你被水拉住游不出瀑布，若游不出去的話，可以把救生衣脫掉再執行上述操作。

不過上述的做法難度高風險也高，所以較建議嘗試在翻滾流把你轉到較靠近水流外圈、拉力較為薄弱的位置時，奮力地游出迴圈。

深潭沒有形成翻滾流，怎麼應對？

掉入瀑布深潭怎麼辦

掉入翻滾流

順著瀑布水壓下潛，
貼著潭底平潛游出。

沒有翻滾流

無翻滾流只是掉入深潭，採取仰漂順流漂至岸邊。

如果是沒有翻滾流、只是純粹掉入踩不到底的深潭的話，不管有沒有穿救生衣，都可以採取「仰漂」，順著水流漂至下游的岸邊。

如果運氣不好真的落入深潭又遇上翻滾流，首先面臨到的情境是必須敢「在水中張開眼睛」判斷水流方向與水底距離，但實際上一般人多數沒有這樣的嘗試經驗，在危急時刻更無法在水裡睜開眼睛。

再者，在較低溫的溪水中，就算你敢在水裡睜開眼睛，仍需下潛到不知多深的水裡才能再平潛出來，要求沒有受過訓練的人，在沒有蛙鏡的情況又要下潛游泳幾乎是不可能的事。

因此，建議大家去溪邊戲水時不要在瀑布產生的白泡上跳水，另外也請穿上救生衣，如果真的落水，至少可以讓人明顯看到你。

影片操作

翻滾流形成差異：

https://lihi1.cc/vQ0xR

實驗室假人落水模擬:

https://lihi1.cc/ciScm

跳水安全評估與落水姿勢確保

請大家想像一個畫面：「一群身材黝黑的年輕人在溪邊從大石頭上跳進水中，旁邊也會有三三兩兩的遊客在拍手吆喝躍躍欲試，有些穿著救生衣、有些沒穿衣服，有些甚至穿著吸水的牛仔褲跟 T-shit，接著一個個從高處一躍而下。」

這樣的場景，在我們這些專業人士眼裡，真的是心驚膽戰！跳水靠得不只是膽量，更重要的是正確的跳水知識，你有概念嗎？

怎麼跳水才安全？

根據我多年的跳水經驗，建議遵循以下守則：

一、確認水深

根據體育署規定的跳水比賽游泳池深度，水深至少要有兩米深，而當跳水高度上升時，也會需要更深的跳水環境。由此可知，自行去溪邊玩耍跳水時，最基本的落水深度至少要有兩米。

一層樓高以下的跳水活動，水深至少要有一個大人手舉起來這麼高；超過一層樓以上的跳水活動，水深至少要有一層樓高。

二、往外跳

第一種跳水環境：從山路走到深潭的正上方並直接跳入。如果深潭剛好在瀑布旁邊，記得跳下時盡量跳離瀑布，才不容易被水流拉力拉到瀑布下方。

第二種跳水環境：有些跳水點則是要沿著岩壁往上爬至有腳點的石頭。通常這類型跳水點下方岩壁都較突出，或是水底有突出的石頭，往外跳可以避免撞到凸出的礁石。

三、落水方式

一般來說，**建議使用打樁式入水（像一根木頭一樣直直掉入水中，手貼在大腿、腳伸直、腳底入水）**，因為接觸水面的面積最小、腳底皮膚厚，或者有些人會穿溯溪鞋，這樣最安全也最不痛，即便踩到石頭順勢屈膝也不容

跳水步驟

易受傷。

同時，也要盡量避免「面部」落水或「背部」落水，強大的衝擊力容易造成臉部或脊椎受到傷害。

四、回到水面

跳水活動有風險，不擅游泳者請直接穿上救生衣。救生衣務必拉緊扣具並挑選合適的尺寸，過大件的救生衣有可能會在落水一瞬間，上浮撞擊頭部造成傷害。

如果沒穿救生衣，落水後雙手張開大字往下划、雙腳往下踢蛙腳，多做幾次即可回到水面。

FOUR

溪邊 4

溪水暴漲跟你想的不一樣

新 聞 現 場

NEW

■ 2020 年 9 月 12 日

節錄自中央社報導

來自臺中市的兩個家庭共六人，分別帶著妻子及兒女一同前往南投縣仁愛鄉武界栗栖溪河床露營，凌晨四時上游的武界壩因機械故障放水導致溪水暴漲，賴男、盧男兩家人帳篷遭沖走，其中賴男自行游上岸，盧妻因睡在車上躲過一劫，截至今日累計四人死亡。

為什麼溪水會暴漲？

撇除掉水庫意外放水導致溪水暴漲的狀況，臺灣的山區容易有午後雷陣雨，常因為上游下雨造成溪水暴漲，不知情的民眾往往發現過晚，而被困在溪流的對岸甚至卡在溪流中間，進而發生憾事，像是著名的八掌溪事件。

臺灣是一座地小山陡的島嶼，超過三千公尺的高山就有兩百多座，但從西邊到東邊的邊界距離卻只有一百多公里。也因此下雨時，當山上累積的雨量超過了溪流的承載量後，就會挾帶大量的雨水傾瀉而下至下游。

我們可以想像一下，溪流河道就像是路面車道一樣，雨水就像車子。因為車道的寬度是固定的，能夠容納的車子數量有限，因此在秋冬枯水期水量不多的時候，溪流能像暢行無阻的車道一樣只有涓涓細流，甚至是乾枯；但如果遇上春夏豐水期或梅雨季的時候，大量的雨水就會像上下班時間或逢年過節塞爆道路，但雨水並不會靜止而會直接衝出河道，造成「暴漲」。

從山上下雨到溪水暴漲，是有時間性的

除了溪流河道本身就有一定的空間容納滿漲的水位以外，山坡土壤也會吸水，所以雨水必須要超過土壤吸水承載量以後，才會產生溪水暴漲。越靠近上游因為越少支流匯集，當然越不用擔心溪水暴漲問題，**也就是說玩水找支流會比找主流更安全**。

除此之外，溪流因為是從山上匯集雨水一路流往下游，所以下游也比上游更容易遇上溪水暴漲。我們在溪邊戲水遇到下雨時，可以判斷以下問題再決定是否撤離：

- 雨下多大？
- 雨下多久了？
- 雨下在上游還是下游？
- 人在主流還是支流？
- 人在上游還是下游？
- 上游有沒有集水區？
- 集水區的大小？
- 是否有溪水上漲的徵兆？

溪水暴漲

WHY：臺灣地小山陡，山上集水空間有限，下雨後容易快速流至下游。

WHEN：夏天午後雷陣雨，颱風前後、春天梅雨季。

WHERE：越靠近下游，因有越多支流匯集，越容易遇到溪水暴漲。

溪水暴漲前的三個徵兆

當雨量超過溪流河道自身的水位容納量以後，就會開始產生溪水暴漲。而經過多年的研究與分析歸納，我們可以觀察出三個比較明顯的發生徵兆。

一、溪水齊頭水漲

某些溪水流域暴漲前，會出現一波「等速度推進且後方混濁」的水流，高度略高於原本清澈的溪水，而這波混濁的水流蓋過清澈的溪水以後，大概只剩五～十秒的時間離開準備暴漲的水域。

二、水面變得混濁

由於每個水流河域地形不同，並不是所有流域都會發生所謂的「齊頭水」，有些河道是純粹溪水會夾帶大量落葉、枯枝和泥沙形成滾滾黃流，這也是溪水暴漲的前兆。

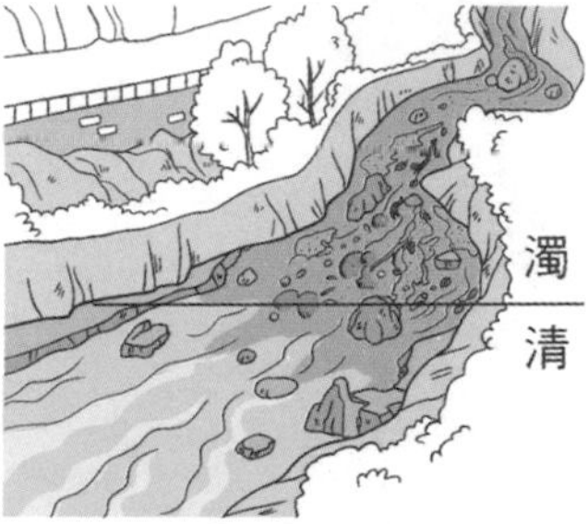

三、水流突然加速

溪水暴漲的形成，通常在上游一定是有超出原本河道的水量驟降下來，以致於讓水流的速度推進加速。通常這種水流都會伴隨著第二種狀況出現，如果仔細觀察應該能夠察覺。

影片操作

溪水暴漲：

https://lihi1.cc/gMwEi

溪水暴漲徵兆，看到請快逃！

齊頭水

水面混濁

流速變快

如果真的來不及逃離，怎麼辦？

如果是困在溪的對岸，來到安全的地方之後立刻報警求援；如果是卡在溪流中央，岸上的人可以想辦法提供救援，在此提供幾個救援方式。

一、岸上救援

分為「手援」和「腳援」。手援可以趴在岸上伸出手給溺者，或是一手拉著岸邊有著力點的東西、一手伸給待救援者；腳援則是雙手抓住岸邊有著力點的石頭或樹幹，腳伸出去延伸給待救援者抓。

二、物體救援

利用樹枝、竹竿、木棒、大毛巾、繩子或是任何一切可供救助之物品來施救，想辦法延伸遞給待救援者讓他抓住，再將其拉回岸上。也可將繩子綁上救生衣、防水袋或魚雷浮標等浮具拋擲給待救援者，落水點應為待救援者的後方或上游以便待救援者抓住。

三、涉水救援

如果現場人夠多，救援者可互相面向相反方向握住彼此的手腕，第一人抓住岸邊固定物，用人鏈的方式同心協力自岸邊慢慢接近待救援者，再將其拉回岸上。

救援者相反方向握住彼此的手腕。

如何救援卡在溪中的人

手援或腳援

分手援與腳援，從岸上伸出手或腳給待救援者抓取。

物體救援

利用樹幹、竹竿，或將外套綁在一起遞給待救援者抓取，將其拉回岸上。

人鏈涉水救援（有一定風險）

救援者反向握住彼此手腕，形成人鏈同心協力接近待救援者。

不過這種做法具有一定風險，如果溪水過於湍急則不建議用此方法，以免更多人被溪水沖走。

• • •

當發現溪水暴漲徵兆時，真的不要多想，立刻跑離就對了，寧願誤判多跑一趟，也不要讓自己有機會深陷危險之中；從看到徵兆到溪水暴漲只有十多秒，把握黃金逃離時間，讓你出門在外更安全。

FIVE

溪邊 5

野溪溫泉活動的風險控管

新 聞 現 場
NEW

■ 2020 年 2 月 17 日
摘錄自聯合報 / 記者羅紹平報導

位於南橫公路摩天段被譽為南橫最美祕境的栗松溫泉，一名淡江大學大學生前往栗松溫泉攀岩渡溪時，意外從巨岩上滑落一處漩渦潭溺斃。

臺東縣消防局關山大隊表示，溺斃的黃姓大學生因體力好，走在最前，與同行友人有一段距離，他落水時，身旁沒人及時救援，發生憾事。搜救人員提醒山友，前往栗松溫泉除了結伴而行，還要準備繩索、穿防滑鞋，因人生不能再重來。

當臺灣進入冬季以後，各地野溪溫泉湧現人潮。為了避免像「山林開放」後出現大量登山意外的問題，在「水域解禁」之前，我們應瞭解從事水上活動時，到底應該要有哪些裝備與準備，以及如何避免去野溪環境時，發生溺水意外的不幸事件。

那年我遇到的野溪溫泉溺水意外

就在本篇開場提到的溺水意外事件過後的一個禮拜，我剛好帶著一群國外友人前往現場遊玩，當時就遇到了這樣的情形：

「我和友人正在栗松溫泉池泡湯，忽然聽到後方有呼叫聲，回頭看見一位遊客（下稱A）被沖到小瀑布旁，但尚有落腳處。我馬上背起我的防水袋過去，另一位A的友人也背著防水袋前往救援，此外他們同行的友人也立刻遞了一件救生衣給A。

我見A穿上救生衣，便請他直接仰躺沿下游漂到岸邊，不料A的另一位友人（下稱B）走過來，跨到A旁邊協助他攀石回到上游。我向對方表明我的救生員身分，但B不予理會，自己先拉繩爬回上游，卻因滑倒被沖入水裡，又因緊抓著繩子而卡在小瀑布不斷吃水。當下我請B放開繩子，但他似乎沒聽見，直到我將身旁男子的防水袋遞給B，他抱住後才終於放手。

B放手後被小瀑布沖下深潭，卻被右迴旋的水流帶向右側而沒漂向下游，但因為B體重過重，防水袋製成的浮具在B沒有用正確的仰漂姿勢下，只能讓B在水裡載浮載沉。我看狀況不對，先將我的防水袋交給身旁男子，以救生仰泳帶B游出迴旋水流後上岸。」

錯誤應對帶來更大的危險

瞭解整起事件後，我們來試著分析，以上環節有哪些應對正確、或者錯誤的地方：

正確環節

‧同行友人去找A的時候背著一個10 L防水袋，有浮具確保自己安全。
‧另一名友人遞救生衣給A，A穿上即能仰躺漂到岸邊。

錯誤環節

‧A一開始沒穿救生衣。
‧B想協助A脫困，卻沒穿著、配戴任何救生器材。
‧B並未聽從專業救生員的協助，逕自行動。
‧B想自行拉繩走回上游，反而滑倒被沖下小瀑布。
‧B被沖下小瀑布後，依然不放手導致吃水。
‧B未用正確的姿勢仰漂或游向下游。

從以上整理可以發現，整起事件錯多對少，對野溪風險的誤判不只造成意外，當下錯誤的應對也導致自己與他人陷入危險之中。

為什麼冬天枯水期去溪邊反而可能更危險？

冬天去溪邊玩有幾個常被遊客忽略的重點：

1 冬天水流依然可能很強，不是枯水期就沒有能量。

2 冬天的溪流很冷，基本上在二十度以下，一般遊客缺乏在冷水中游泳的經驗，因此掉入水中就容易緊張抽筋。

3 夏天大家去溪邊戲水可能會戴蛙鏡，但冬天一定不會。一旦被沖下水，因不會張開眼游泳易慌張，讓情況更為危急。

4 夏天去溪邊可能會帶游泳圈，但冬天的溪邊活動多屬釣魚、泡溫泉等，因溪水過冷、玩水意願較低，間接壓低帶游泳圈的可能，進而少了緊急應變的浮具。

野溪溫泉意外原因

錯誤活動穿著

野溪溫泉在山區，許多人會以為是山中健行，穿著會吸水的牛仔褲、棉質衣物前往。

錯估環境風險

冬天即使是枯水期，水流量也可能很大。水的導熱效率是空氣的 25 倍，溪水冰冷容易造成抽筋。

缺乏安全常識

多數人從事野溪溫泉活動時不會帶救生器材，像是救生衣、魚雷浮標，失足落水難以救援。

野溪溫泉泡湯行前準備

從上述的意外事件就可以知道，即便是冬天溪水量小的時候，環境裡還是隱藏了許多風險。幸好當時我已經準備好防水袋在身旁可隨時應付突發狀況，不然可能當場就會有憾事發生。

我曾有過數十次野溪溫泉過夜經驗，雖然我自己的裝備也不是每一次都俱全，但總能看到一些沒有準備任何水上活動裝備的遊客，穿著像是去郊山踏青，毫無危機意識可言。標準的配備已在P30，〈Part1-1玩水活動的行前規劃〉有詳細說明，在此簡單摘錄。

1 **衣著服裝：**請穿著不會吸水的衣物。

2 **能量補充：**準備具熱量且不易腐敗的食物來補充體力。

3 **安全裝備：**隨身攜帶救生衣、魚雷浮漂或綁繩的防水袋等救生器材以備不時之需。

安全器材別放在車上，請直接放在岸邊，這樣遇狀況就能馬上使用，提高發生意外時溺者的獲救機率。

野溪溫泉泡湯請再多準備

溯溪鞋

臺灣許多野溪溫泉都位在深山溪流溪谷中，抵達難度不一，有的能直接開四輪傳動車前往，有的則須徒步溯溪一段時間才能到達。因為多數溪流溪底青苔滿布溼滑，且溪流流速快，如果穿著沒有抓地力的球鞋甚至是拖鞋，很容易在渡溪的時候一不小心滑倒被沖走。

因此，如果是去需要渡溪的野溪溫泉，都建議穿著溯溪鞋前往，最好是再帶一枝登山杖方便抵住溪床渡溪。

防寒衣

如果是需要長距離溯溪或需要全身下水的野溪溫泉行程，建議穿著防寒衣前往。防寒衣除了具有浮力效果，有著類似救生衣的功能以外，防寒衣也能提供一定程度的保暖，並且在你真的不小心被沖走或滑倒時，可以幫助撞擊緩衝，保護身體不受傷害。

野溪溫泉泡湯請準備 3+3

不吸水的衣物

好保存、有熱量的食物

綁繩的防水袋

溯溪鞋

防寒衣

頭盔

頭盔

冬天去野溪溫泉，有些路線須長途跋涉且會經過落石區，建議也戴上頭盔以防遇上落石。

野溪溫泉在疫情影響下，成為冬天非常熱門的戶外行程之一，除了自身的服裝與食物補給之外，我們可依據行程的目的及同行友人的能力，挑選攜帶符合需求的裝備前往。

有些裝備會因地點環境狀況不同有所差異，但有些裝備是必須的，備而不用總比遇上萬一來得好。

溺水意外迷思破解

Part 3

ONE

1

發現有人溺水
要做的第一件事

新 聞 現 場

NEW

■ 2020 年 8 月 8 日

摘錄自聯合報 / 記者王長鼎報導

四名十多歲的年輕男女相約至新北市石碇蚯蚓坑溪邊戲水，其中一名蔡姓男子不慎溺水，另外兩名男子則下水救人，結果僅其中一位成功回到岸邊，另外兩名男子則遭水流沖走。而後被消防人員救起後均無呼吸心跳，經送醫急救後二人仍宣告不治。

據瞭解，前往戲水的四名年輕人為情侶關係，疑似因為不會游泳的蔡姓男子堅持下水戲水，而溪水又過於冰涼，才會導致發生意外。

有人溺水，你的第一反應將決定他的生死

大家現在可以先放下手邊的書，問問看你旁邊的家人朋友，在他們發現有人溺水時，會怎麼應對處理？

相信你問完一輪之後，會發現每個人的答案都不一樣！有人會回答「先找救生員」，或是「先打電話報警」，也有人會回說「先扔救生圈給溺者」。

臺灣雖然有幾處收費的海水浴場配有救生員，但民眾並不只會去這些地點活動，也可能去純粹的觀光區觀浪、沿著沙灘踏浪、或是去公共海灘戲水。

當現場沒有救生員時，遇到有人溺水我們該怎麼辦呢？

當務之急，當然是先下水救人？

這是一種下意識的反應，因為當我們看到有人在水裡溺水了，很難不發揮同理心去援助；若是他在我們眼前喪生，更可能產生揮之不去的陰影。

不過，在不知道溺水的發生原因之前，貿然救人很可能會害了自己。到底溺水的人是因為手腳抽筋溺水，還是因為水太深踩不到底？又或是有離岸流把人往外帶？這些都需要事前做判斷。

至於該用什麼方式協助溺者脫離險境，以下幾個問題更應該去思考：

- 下水游過去將溺者帶回來，你的游泳能力夠嗎？
- 在踩不到底、沒有蛙鏡的情況下能夠游泳嗎？
- 游到溺者旁邊後要怎麼防止他抓住你？
- 要怎麼帶著溺者游泳？
- 如果你們一起回不來，怎麼辦？

我相信如果溺水的人是你的親朋好友時，很多人會義無反顧地跳下水去救人（儘管救援者不會游泳，此時他們都會忘記這件事）。因為看到認識的人溺水，很難抗拒要去救人的心情與衝動，這是一種下意識的反應。

即便是陌生遊客發生溺水，因為臺灣是一個相對人與人之間互助情感豐富的社會，很多熱心的人願意提供協助，因此跳下水救援的人也不在少數。見義勇為是一種善良，但魯莽行事的結果通常都不盡人意。下水救人是一門專業的技術，沒有受過訓練的人，通常都沒有這樣的能力，也不知道在救援未果的情況下該如何自保、等待他人援助。如果只是憑著一股熱情或衝動，多數的自主性營救只會造成更多的傷亡，也增加後續救援行動的風險。

泳技不好，那還是先報警吧？

既然不能貿然下水，那只能「先報警」，請求專業人士的幫助吧？這是一個相對安全的做法，因為發現者可能不會游泳，也不知道如何救援，趕緊打電話求助是最保險的方法。不過，因為溺水的環境不同，這時候如果先報警等待救援，可能的結果會是：警消上山來把往生者送下山。

舉例來說，臺灣最常發生溺水的環境是溪邊，高達四十％以上的溺水意外都發生在此。而多數溪邊的戲水地點都在山裡面，不一定收得到訊號；即便是收得到訊號的地點，從通報警消到救難人員抵達現場，至少都需要一個小時以上。在這段時間溺者恐怕已被水流沖至下游不知去向，又或者沉入深潭許久溺斃。

我們可以發現到，並不是所有的溺水意外都有足夠的時間等待救援，而意外多發生在彈指之間，黃金救援時間也稍縱即逝只有短短的數分鐘。如果不把握僅有的時間做點什麼，或許就只能期待有奇蹟發生。

大聲呼救：這裡有人溺水了！

基於上述的分析，我們可以瞭解到其實「救人」與「報警」這兩件事都沒有錯，只是先後順序很有可能會影響後續的結果。

在第一時間發現有人溺水時，請先大聲呼救「這裡有人溺水了！」，先示警並讓旁人知道這裡有事情發生了，然後再想辦法協助溺者。

一個人的救援能力有限，即便是受過專業訓練的救生員也經常無法憑一己之力援助他人。在書中前面的篇幅，我們也有提過救援的三原則之一：**團體救援優於個人救援**。有人負責報警求援、有人負責投擲浮具給溺者、甚至是人鏈手拉手下水救援，這樣的成功率絕對勝於個人。

防溺教育也應該從兒時做起，尤其小朋友通常不會想太多，看到同學朋友不小心掉入深水的地方，下意識絕對是自己跳下水去救人，而小朋友的游泳能力通常都很有限，不太可能靠自己的能力把人拉上岸。因此，從小教會小朋友「呼叫求援」的觀念，是非常重要的事！

平常就做意象訓練，練習呼叫

所謂「意象訓練」，指的是透過意外情境的假定，思考你第一時間要做什麼、逃脫動線怎麼走、有哪些救援設備可供使用、要如何請旁人協助等。在經過策略推演，這些問題的答案就會較有印象，才能在危急時刻減少反應

發現有人溺水第一件事

錯誤觀念

正確觀念

時間，增加存活機率。

另外，呼救並不是一個反射性會有的反應，在緊急時刻更容易忘記這件事，如果平常去開放水域時有特別做意象訓練，或許在慌亂時才可能喊得出來。

TWO

2

為什麼等待救援，不適合做水母漂

水母漂其實不適合長時間自救使用

當我們在水上出了意外時，如果沒有任何漂浮物可以抓、沒有辦法靠自己的能力上岸時，我們唯一要做的是：保存好體力，盡可能在水裡撐上夠久的時間，等待別人來救援。

一般大眾最常做的技巧有二：「水母漂」與「仰漂」。仰漂請參考 P.197的詳細說明，水母漂則是任何一個游泳單位及學校游泳課都一定會教的初階游泳技巧。水母漂有別於仰漂，易學好操作，即便是完全不會游泳的人，只要敢把頭放到水裡就能夠學得會。

許多人因為不會做仰漂，會思考是不是可以退而求其次做水母漂自救。不過如果落水後需要等待救援，我其實不推薦做水母漂。

原因有以下五點：

1 即便是有戴蛙鏡的情況下，如果水深過深看不到底，看不見的黑暗會讓待救者心生恐懼。

2 在等待救援時必須不斷換氣，容易耗費體力。假設救援者二十分鐘後抵達，每次水母漂可以閉氣三十秒，等於必須換四十次氣。

3 頭在水裡，不好觀察四周環境狀況；如果海上有其他漂浮物可以抓取休息，也不容易發現。

4 仰漂比起水母漂有更大的身體表面積露出，較容易被發現。

5 假如剛好有人划獨木舟、SUP、衝浪、空拍機或任何水上遊憩玩家經過，水母漂因為頭在水裡，不易呼叫求援。

因此，如果是有能力做仰漂的待援者，在環境情況允許的狀況下，建議做仰漂待援更優於水母漂。

海邊有浪的情況下，適合做水母漂待援嗎？

根據我在海邊的救援經驗，多數人發生意外的場景，都不是會有浪蓋下來的近岸，而是被海流帶出去的遠岸。像是玩水玩到踩不到底的地方，或是被離岸流帶離岸邊。

在上述場景，基本上不會遇到被浪蓋的狀況發生，而是會隨著波浪在水面上擺動。如果真遇上浪打過來的狀況，建議「將眼睛朝向浪打來的方向」，當觀察到浪靠近時可以先轉換成水母漂，待浪過去後再改回仰漂等待救援。

不過，有一種意外狀況常發生於釣魚及觀浪民眾，因為瘋狗浪或腳滑造成意外落水。這兩種狀況請參考 P.96 的自救策略。

水母漂雖然不比仰漂實用，但因為簡單易學，依然可被視為應該學習的入門水中自救技巧。

溺水意外的情境百百種，上述說明適用於大多數狀況，但並不表示我們會了仰漂就能應付所有危機，還是得依據現場情形作臨場反應，才能夠幫自己化險為夷。

THREE

3

溺水者其實比你想像中安靜

新　聞　現　場

NEW

■ 2020 年 6 月 4 日

摘錄自三立新聞網 / 李宜蕙、鄭翔仁報導

新北市某運動中心在游泳教學時發生一起意外事件：一群小朋友游泳課在泳池裡玩得開心，戴藍色泳帽的這位學員卻突然滑了一跤，整個人沉在水裡，將近八秒時間想起身卻起不來，但在他身旁的教練卻完全沒有發現。

所幸，一旁媽媽發現立刻衝上前，和救生員合力將小朋友拉起來。事後家長在臉書社團 PO 文抱怨，幸好當時她和先生在現場，看小孩上課狀況，不然今日小孩可能沒了。

我們常常可以看到電影裡面的救災畫面，溺水的人會在水中揮手、大聲呼救；但事實上，這些都是電影效果居多，根據實際上溺水者的經驗分享，有許多大眾可能想不到的狀況：

- 「小時候有次我在泳池游泳溺水，當時我明明看到有個大人在岸上看著我這邊，但他卻沒有發現我，好在後來有人游經過我旁邊順勢拉了我一把才獲救。」
- 「我與同學暑假時去溪邊烤肉玩水，打鬧時不小心嗆到水，在岸邊想站起來卻沒有力氣，明明意識就很清楚，想呼救卻發不出聲。」
- 「有次我去海邊玩差點溺水，那時候我想呼救但根本喊不出話來，水一直灌讓我猛喝水。」

溺水的人比你想像中安靜

當溺水發生時，溺者會因為緊張而發生喉頭痙攣，導致咽喉關閉無法呼吸。我們的呼吸系統最主要的目的是提供我們「呼吸」，而不是「說話」，所以當我們連呼吸都有困難時，多數時候是發不出聲音的。

根據我在海邊觀察及救援的經驗，大部分的溺者是喊不出聲音的，能夠求援揮手的溺者比例也很低。很多時候溺水意外都是在我們的眼皮下發生，只是我們通常不知道發生了什麼事，直到溺者放棄掙扎後才發現意外已經產生。

我曾遇過一次類似的溺水事件：

「當時我正在一個深度為一百二十～一百八十公分的游泳池教課，看到岸上來了一對男女朋友泳客，目測男生一百八十公分、女生一百七十公分左右。大概十多分鐘後，我看到女生從較深的池邊出發游到男生旁邊，但不知為何游到男生旁邊後就開始拍打水面產生水花。他們當時的位置水深應該在一百五十公分左右，是絕對踩得到底的深度，女方男友在她旁邊且女方只要伸手就能抓到水道繩，但女方既沒抓繩、男方也沒做任何動作。

後來過了十五秒，女方動作依舊頭在水面下、手在拍打水面。正當我覺得事態不對時，另一位更靠近的泳客迅速地游了過去，而男方也在泳客抵達時將女友抱起，從女方的表情來看她確實溺水了。」

如果不是有長時間救生經驗的人，其實很難發現他人正在溺水。

不可不知的溺水十大徵兆

一般如果是不擅泳者，大概溺水三十秒後就會無力掙扎開始直立下沉。既然溺水者不像電影演的容易被人發現，那到底實際發生溺水時溺者會有哪些徵兆呢？

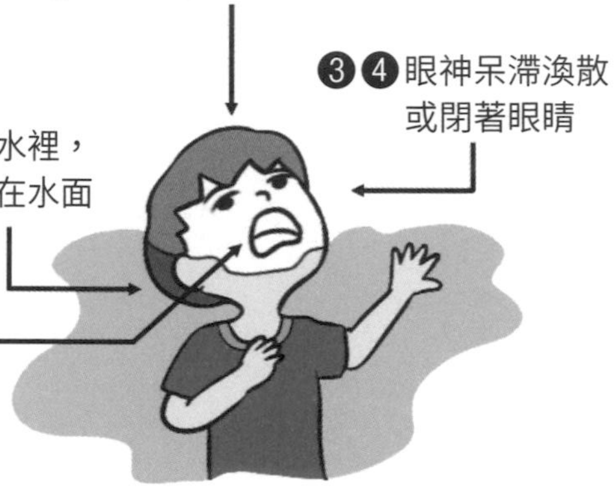

❶ **頭在水裡，嘴巴在水面**

感覺像是潛行的忍者，但似乎沒有玩伴只有自己一人。

❷ **頭在水中往後仰，嘴巴張開**

溺者為了想要吸氣會將頭往後仰、想辦法嘴巴超出水面。

❸ **眼神呆滯渙散**

因身體狀況不佳導致眼神渙散。

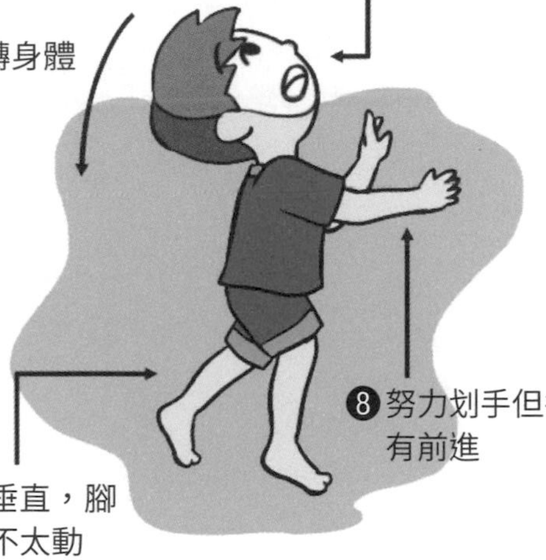

❹
閉著眼睛

因身體狀況不佳導致精神渙散眼睛閉著。

❺
頭髮蓋在眼睛或額頭上

因身體不聽使喚無法把頭髮撥開。

❻
看不太到踢腿動作

正常會水中自救的人，腳會規律的踩水；溺水的人通常是垂直在掙扎但腳不太會動。

❼
很喘，上氣不接下氣

因掙扎造成體力透支、呼吸急促喘不過氣。

資料整理翻譯自

Drowning Doesn't Look Like Drowning by Mario Vittone.

The Illustrated Art of Manliness Illustration by Ted Slampyak.

❽ 努力划手但沒有在前進

因為想要回到岸上或抓住某個標的物，會努力划手但卻沒有前進。

❾ 試圖背向翻轉身體

因為趴在水上導致不斷吃水，故會想嘗試仰躺，但體力不支無法成功。

❿ 好像在水中爬梯子

想要拍打水面讓頭上浮呼吸，類似狗爬式的動作。

踩得到底的地方，也有可能溺水

雖然多數的溺水意外通常是發生在較深的開放水域，但這不代表在水淺的地方戲水就不會發生意外。

我們或許曾聽過這樣的事情：

- 「之前聽說某校一百八十公分的男大生在游泳課溺水身亡，但他們學校游泳池水深只有一百二十公分。」
- 「我那時候跟哥哥在兒童池丟球，結果我不小心滑倒了，雖然水深才到我的膝蓋，但我就是無法平衡站起來，好在哥哥後來靠過來拉了我一把。」
- 「我們班同學暑假去水上樂園玩，當時看到某位媽媽從滑水道溜下來，

溺水迷思

溺者舉手呼救

溺水者會為了拍打水面，手無法高舉，喉頭因為緊張，導致咽喉關閉，無法呼吸說話。

水淺不會溺水

突發狀況大腦無法反應，無法依照意識從水中站起。

明明已經滑到水很淺的地方，但她一直不站起來在揮手拍水，後來看到救生員趕緊跑過來扶她起來。」

有些人因為不擅水性、或是運動能力較差，面對突如其來的狀況會一時間無法反應。雖然意識清楚但身體無法依照自己的意識行動，就有可能造成生命危險。

為了避免這樣的憾事發生，如果同行友人不諳水性或臨場反應較不靈敏，最好一同行動不要隨便分開，並且多多注意他人是否需要協助幫忙。

沒有人希望意外發生，適時地多關心一下身邊的人。如果有孩童在你身旁玩水但突然變得很安靜，不管是不是你的小孩，都試著跟他講話、觀察對方有沒有回應。

問問他「你還好嗎？」，或許就能多挽救一條性命。

FOUR

4

鬼門開玩水會被抓交替？

新聞現場 NEW

■ 2018 年 9 月 4 日
摘錄自自由時報

這兩天宜蘭縣南方澳內埤海灘、南澳神祕海灘也傳出多起民眾被大浪捲走的意外，造成六死一失蹤的悲劇。對此，知名命理師指出，這些情況或許和農曆七月「抓交替」的習俗有關……

二〇二二年的農曆七月是從國曆七月二十九日開始，那天也就是俗稱的「鬼門開」。

每到農曆七月，只要發生溺水事件，新聞報導通常會把它冠上「抓交替」的聳動標題。所謂「鬼門開水鬼抓交替」這個說法，真是其來有自嗎？

根據故事網站：〈破解騙鬼的鬼月由來〉一文所提及，鬼月的由來很有可能是因為清代乾隆年間的沈復，在其著作〈浮生六記〉提到：「七月望，俗謂鬼節，芸備小酌，擬邀月暢飲……」從這段話我們可以得知，原本沒有「鬼月」，只有七月十五這一天的「鬼節」，也就是中元節。後來是因為每到中元節，都會大肆舉辦祭祀先祖、普度遊魂的活動，活動越發盛大，時間也逐漸延長，從三天、七天、越來越多天，直到如今一整個月都是鬼月。

於是每年到了這個月，我們從小開始都會聽到長輩告誡：「鬼門開不要去水邊玩」、「不要撿地上的紅包」、「不要晚上跑去爬山」。

然而，這樣的勸阻與迷信，其實反映出的是臺灣的信仰文化，卻不是溺水發生的主因。

不懂溪、不懂海，才是溺水的最大原因

與其說農曆七月鬼門開容易造成民間所謂的「抓交替」事件，不如說大多數民眾寧願「選擇性遺忘」自身能力的不足，反而把責任歸咎於無法用科學證實的怪力亂神現象。每個月都會有溺水意外，只是我們在農曆七月的「鬼月」氛圍下，放大了這些不可控的因素。

根據近年來消防署的統計資料顯示，臺灣最常發生意外的水域環境是「溪流」，再來是海邊，而游泳池最低。多數民眾夏天消暑的「海邊」及「溪流」，其實暗藏著危機。

海邊常見的溺水原因

海邊最常發生的意外是：被海浪帶離岸邊，但不會在踩不到底的地方游泳。

- 有海流、離岸流把人往外拉出去。
- 水面與水底的水溫落差造成人體容易抽筋。
- 潛藏的海底礁石造成水流的變化，讓人無法輕鬆上岸。
- 潮汐與漲退潮以及鋒面的影響，造成海況不穩定。

溪邊常見的溺水原因

溪邊最常發生的意外是：「掉入踩不到底的深潭」或「被水流沖走」。

- 不懂如何判斷瀑布及水流形成的翻滾流。
- 不懂如何判斷溪床哪裡會產生迴流區。
- 渡溪技巧不對，也不懂得判斷渡溪路線。
- 不懂如何觀察天氣與溪水暴漲徵兆，而導致受困於溪床或落石崩塌處。

如果不懂得判斷上述的狀況，而是把諸多的溺水意外用「農曆七月鬼門開抓交替不要下水玩」帶過，那是不是有點對不起有接受過國民義務教育、游泳是畢業門檻、住在海島國家多年的自己？

怕出意外所以禁止去水邊玩，有用嗎？

夏天因為天氣炎熱，玩水的人眾多，每個週末都會傳出幾起溺水意外，因此有議員提出，目前的警告標示只寫「水深危險、禁止游泳」等制式標語，應該讓警語內容多些巧思、換個方式呈現；例如公路單位在易肇事路段會凸顯今年傷亡人數，或許水邊的警告標語也能增加傷亡人數等資訊，讓民眾產生警惕以提高嚇阻效果。

亞洲文化的父母總是把孩子保護得好好的，出事了還可以申請國賠讓政府負責，而這樣的教育方式很容易讓孩子們長大後面對危險時無所適從。警示標語固然能讓對此水域不熟悉的民眾更加瞭解狀況，但從意外案例中去分析發生原因，再給予大眾正確的水域相關知識，這才是能真正減少意外發生的辦法。

許多臺灣家長都有這樣的老舊觀念：「溪邊海邊很可怕」、「鬼門開不要去水邊」，導致孩子想要去玩水只能偷偷去、甚至是說謊。其實小孩子愛玩水是非常正常的一件事！由於臺灣夏季炎熱，我們國家又充滿著各種水域環境，泳池分布密集、到處都有溪流湖泊、去海邊也相當方便，因此很難避開。與其擔心孩子發生意外而禁止小孩去水邊玩，還不如教導孩童正確的水域安全觀念及水中自救技巧，既能保護自己又能救助他人。

我非常鼓勵家長帶孩童一起玩水，要學好一項技能，一定要對它有興趣，學起來才會開心又事半功倍。

• • •

鬼神是值得敬重的信仰與文化；但是不加強自身的技能、不懂得判斷現場的水域環境是否安全，等到發生意外的時候，才去怪罪一個不可抗、甚至是超自然因素，我認為這不是一個理性的想法。

自己的安全必須自己守護，除了對於不瞭解的事給予尊重之外，也應適時精進自己的水域安全知識，在有充分準備的狀況下去水邊玩，這才是面對「鬼月該不該玩水」這個問題最理想的態度。

FIVE

5

游泳圈其實超級危險的！

新聞現場
NEW

■ 2019 年 8 月 9 日
摘錄自 TVBS 全球新聞網 / 陳相如報導

在一個五十公尺深的兒童泳池裡，只見這名三歲男童套著泳圈，獨自一人在戲水，雖然身體套著泳圈，卻因為重心不穩，頭朝水面趴下。只見男童當時雙腿不斷拍打水面，試圖讓自己站起來卻一點效果都沒有，而一旁雖然有家長和小孩，卻沒有人發現男童已經溺水，直到一名女護士泳客發現後，趕緊將他拉起來並呼叫救生員，但這時男童已經面部發紫奄奄一息。

游泳圈是造成溺水的一大主因

游泳圈是一種不管去游泳池、溪邊或海邊一定會看到的戲水浮具，因為造型多變、便宜、容易攜帶，還能提供一定的安全保護，所以不管是年輕男女或是家庭旅遊都非常喜歡攜帶。

不過，也因為泳圈隨手可得且使用方便，造成許多人過於依賴這種戲水玩具，反而把自己暴露在危險之中。

我們觀察過去的孩童溺水事件，許多意外發生的原因都是因為大人臨時有事離開現場，導致小朋友在無人照看的情況下自行亂跑活動，跑到成人池跳水，或是不小心跌落超過自己身高的泳池，進而造成意外產生。

為了避免這種狀況發生，近年來越來越多家長會幫小孩子準備游泳浮具，可能是穿戴式的浮力夾克、大型充氣玩具、各種造型的游泳圈、套在手上的手臂圈等等，幫助小孩在踩不到底的游泳池能夠有辦法浮在水面上。

但游泳圈的使用，其實是有一定的風險。

中空型游泳圈

此類游泳圈是一般大眾最常見的，不管是大人還是小朋友都有不同的大小款式。我們的使用方式通常是身體套在游泳圈中、手臂趴於游泳圈上，腳在水面下打水前進。

由於這種游泳圈能墊高我們身體、上半身有很大一部分離開水面，所以即便踩不到底，也能待在比自身身高更深的水域環境中；**就算本身不會游泳，也可能沒有危機意識地前往深水區。**

如不小心遇上翻覆脫離游泳圈，或因水流無法打水回岸上時，就有可能發生溺水意外，我在海水浴場擔任救生員時，曾多次遇到這種狀況。

綁帶型游泳圈

市售的孩童游泳圈五花八門，除了最常見的圓形游泳圈以外，許多家長

孩童游泳圈隱藏風險

中空型

即使不會游泳也能自由移動，容易沒有危機意識地跑到深水區。

綁帶型

不小心翻覆時，防脫離設計，會讓小孩無法自行脫困。

也會購買「綁帶式游泳圈」或是「有穿腳洞的游泳圈」，以防小孩在游泳圈上亂動脫離。但水能載舟亦能覆舟，當小孩真的不小心戴著這種游泳圈翻覆時，**反而會因為這些「防止小孩脫離的設計」，造成小孩無法自行脫困，進而溺水。**

這種狀況尤其常常發生在海邊，因為海邊有風、有浪、有流，非常容易造成泳圈翻覆；泳池的意外則是發生於家長以為有了泳圈就萬無一失，失去戒心在划手機或是睡覺聊天，沒有注意到小孩泳圈翻覆，進而造成憾事發生。

乘坐式充氣浮具的隱藏危機

除了游泳池比較常出現的游泳圈、手臂圈、充氣球以外，海邊還會出現各種好看有趣、人可以乘坐在上面的大型浮具，像是獨角獸、黃色小鴨、披薩等等造型，有些會加上外掛綁繩讓他人可以拉著移動。

這些商品提供戲水民眾許多玩水樂趣，但也因此容易讓人降低戒心，未注意環境狀況，導致自己陷入危險。

狀況一：到水深過深的地方回不來

在水中移動跟在陸上有很大不同，**當水深達到胸部高度時，在水裡行動就會變得相當困難**。過去我常在海邊看到男生拉著有女生乘坐的充氣浮具往深水處移動，後來想返回岸邊時發現水阻太強無法移動，而男生通常比女生高，所以已達男生胸部的水深通常女生也不敢下水，最後兩個人就一起越漂越遠。

游泳圈海邊使用風險

被浪帶離岸邊

落海無法爬回

狀況二：在深水中難以爬上充氣浮具

另外我常看到許多男男女女悠閒地躺在充氣浮具上享受陽光的溫暖，結果不小心有人動作或海浪造成充氣浮具翻覆，**落水的人因驚嚇嗆水想抓住浮具時，才發現充氣浮具相當光滑柔軟難抓取**，結果沒隔幾秒鐘充氣浮具就被風吹向更遙遠的地方。

如果真的不幸隨著大型浮具漂出去，如有餘力可攀附在旁嘗試打水回岸上，如不行請試圖爬上浮具等待救援。千萬不要貿然離開浮具，浮具能幫助保存體力，而且是個明顯的標的物，有利搜尋，增加獲救的機率。

充氣浮具飛出去外海，千萬不要去撿！

開放水域的意外通常伴隨著許多不同的環境因素影響，而「風」是造成危險發生很大的一個原因，尤其是在海邊。

當風把各種充氣球、游泳圈、或大型浮具吹向外海時，許多人的第一反應就是要去撿。但從上面的兩個意外狀況我們可以發現，即便我們真的撿到了這些戲水浮具，除非能直接走回來，不然很難靠自身的游泳能力回到岸上。

浮具在水裡面會有水阻及風阻，讓游泳的人幾乎無法前進；因為我們必須空出雙手或雙腳抓住浮具，等於只能用四肢中的兩肢來游泳，而且去海邊玩通常不會戴蛙鏡；在這種情況下，要克服海中的浪、流、風等環境因素，其難度是非常高的。

因此，如果遇上這種情形，建議大家還是別去撿，浮具泳圈一個不過幾百塊，安全才是無價。

游泳圈海邊使用注意事項

充氣玩具漂走不要撿

漂走請在浮具上待援

不管是上述哪一種意外狀況，都提醒著我們不能因為有浮具就疏忽可能發生的危險。

水上意外層出不窮，其實很大一部分原因是因為我們過於依賴玩水浮具，導致自己疏忽沒有注意到安全。戲水的環境總是多變，時時刻刻保有警覺才能避免意外發生。

SIX

6

「乾性溺水」也可能讓你送命

新聞現場

NEW

■ 2017年6月
摘錄翻譯自CNN報導

一名住在美國德州的四歲男童跟著父母去海邊玩水，非常開心！在玩水回家後，孩童陸續發生嘔吐腹瀉等症狀，原本父母以為小朋友只是得了腸胃炎，帶去看完醫生後身體也好轉。結果沒想到在玩水過了一週後，男童呼吸突然變得急促，送醫一小後結果依然回天乏術。

後來醫生發現男童的肺部有液體，經詢問才知道一週前男童在海邊玩水被浪捲走遭人救起，但沒有到醫院進行進一步檢查。因此，醫生最後推斷男童的死亡原因可能為「乾性溺水」。

溼性溺水 vs 乾性溺水

上述新聞現場的案例經醫師判定可能是乾性溺水，也可以說是「次發性溺水」，發生主因可以歸結為第一次溺水時嗆入的水已造成肺部功能出狀況。

無獨有偶，二〇一五年也有另外一名住在美國南卡羅來納州的男童發生過類似的意外。這名男童在戲水後跟母親表示自己很累，結果隔天被發現口吐白沫身亡，後來經解剖判定為乾性溺水。因為小朋友身體體積小、肺部相對也小，只要吸入少量水就有可能發生此種狀況。

溺水對生命造成威脅的方式，有溼性、乾性之分，這兩者的區別為何？又為什麼乾性溺水的人，在當下看起來沒事，反而是事隔幾日後狀況急轉直下，甚至有喪命的危機？

溼性溺水

一般來說，九十%以上的溺水狀況屬於此種：

1 溺水的人為了呼吸空氣，會盡量將頭抬出水面，而在這樣的掙扎過程中水會從咽喉進入。

2 大概三十秒後，因為咽喉進入的水過多造成喉頭痙攣緊縮，將變得難以呼吸。

3 缺氧時間達到一分鐘左右時，因為身體需要氧氣喉頭會開始放鬆，此時更多的水會進入呼吸道至肺臟。

4 溺水的人因為長時間吸不到氣，腦部因缺氧開始失去意識，心臟缺氧造成心率不整。從發生到失去意識約只有四分鐘。

乾性溺水

機率低，只有十%以下的少數意外才會發生：

溼性溺水與乾性溺水

溼性溺水

喉頭痙攣放鬆後，水進入肺部，因無法順暢換氣引起腦部缺氧。

乾性溺水

少部分人會持續喉頭痙攣收縮，呼吸道緊縮導致呼吸困難缺氧。

1. 少部分溺者在溺水時喉頭會持續痙攣、無法放鬆，相對進入肺部的水量較少。
2. 即使脫離溺水的狀態，因為呼吸道持續緊縮依然無法正常呼吸，最後會因為缺氧導致身體機能失調。

乾性溺水的症狀

乾性溺水發生的時間點通常是在發生溺水意外後的二十四～四十八小時，即便回到岸上身體狀況正常，也有可能只是暫

乾性溺水的可能症狀

嗜睡倦怠

噁心想吐

咳嗽不止

呼吸費力

喘不過氣

時的。

多數人都不是專業醫師，許多症狀的判斷可能是根據網路資料，或是自己的背景經驗，再加上乾性溺水較為少見，而且症狀不明顯，即便是專業的救生員都不一定說得準。因此，如果玩水後出現表格中的狀況，建議就醫檢查，以防二次溺水發生。

Part 4

自救求援技巧應用

ONE

1

水中抽筋怎麼辦？

新聞現場 NEW

■ 2020 年 7 月 18 日

摘錄自聯合報／記者邵心杰報導

臺南漁光島有兩名遊客疑似體力不支無法游回岸上，經民眾發現通報，臺南市消防局救災救護指揮中心出動特搜小隊等下水救援。救護人員抵達現場，發現兩游客距岸邊五十公尺，迅速將兩人陸續搶救上岸，一人救起時已無呼吸心跳，另名則是意識清楚，緊急將兩人後送醫院搶救中。

一般來說，當在開放水域游泳卻無法游回岸上時，多數人會拚命掙扎導致體力不支，進而發生抽筋現象。尤其是青少年成長時期，常常玩水時間過長，又不上岸休息，很容易在體力流失後抽筋。這時候，如果不知道該如何調解身體，讓肌肉暫時恢復又下水去玩，是非常危險的一件事。

盤點溺水十大原因，「抽筋」是意外殺手

根據我多年的救生經驗觀察，這十大行為最容易引發抽筋，導致溺水。

1 好奇心發作靠近岸邊意外落水。

2 跟朋友打賭做超出自己能力所及之事。

3 浮具或器材突然毀損。
4 酒後玩水。
5 空腹下水。
6 過度疲勞。
7 身體疾病突然發作。
8 朋友打鬧被壓入水中過久。
9 跳水撞傷。
10 對水域不熟悉遭暗流或漩渦沖走。

溺水發生時，由於溺水的人容易緊張、無法冷靜判斷情勢，加上多數溺水的人都會反射性掙扎，導致消耗掉很多身體能量，體能下降過於疲勞後就容易發生抽筋現象。抽筋之後，無法靠著仰漂、踩水等水中自救方法保護自己、等待救援（參考P195〈Part4-2、溺水脫困技巧〉），結果就是溺水身亡。

為什麼在水中比陸上容易抽筋？

通常民眾因為上述原因溺水的時候，會因為過度緊張開始手腳亂揮、不斷掙扎，這時候較低的水溫容易造成身體抽筋。臺灣多數民眾平常游泳的場域是游泳池，而游泳池普遍都是溫水加熱，溫度在二十八～三十度之間；溪流的水溫則根據緯度及海拔不同，冬天平均約十五～二十度、夏天在二十～二十五度之間，對一般民眾來說相對不習慣。

根據消防署統計，臺灣每年平均溺水人數大約在六百～八百人之間，其中以溪流占最大宗，較海邊、游泳池都高。溪流在臺灣溺水意外居高不下的原因，除了因為地形導致水流普遍湍急，也容易形成漩渦，恐怕是因為溪流的水溫較海水、游泳池都低，更容易引起抽筋、發生意外。

此外，許多海域溪流的表層跟水底下溫度相差大，有時甚至落差十度之多，而低水溫容易造成肌肉收縮、心臟痲痺、更耗費體力，以致於許多不習

水中抽筋原因

下水前無暖身

體力耗能快

水溫較低

慣在低溫游泳的民眾容易發生抽筋的現象。

如果在陸上抽筋，可直接坐臥休息並請旁人協助；但如果在水裡抽筋，通常會直接造成我們在水裡載浮載沉，因為緊張而影響呼吸頻率，加上旁人通常不會發覺你在抽筋也難以協助，所以才會產生溺水意外。

我們可以透過下水前的暖身運動避免抽筋，也切勿在空腹、剛吃飽、或酒後下水游泳，這些都是造成身體機能失調抽筋的原因。

水中抽筋，不同部位的解法為何？

撇除掉上述自己造成溺水的十大原因，只要是長年玩水的人，總是不可避免會遇到抽筋狀況。當遇到這些突發情況時，要冷靜判斷當時水域環境是否可以求助，並且對抽筋部位施予正確的舒緩方式，即可確保自己能夠平安地回到岸邊。

不同部位抽筋的解法：

一、手指抽筋

1 將手用力握拳，再張開。

2 重複數次直到手指不再抽筋。

二、手掌抽筋

1 兩掌手指交錯，反轉掌心向外用力拉伸。

2 或用無抽筋手握住抽筋手四指，用力往後彎。

三、腳趾抽筋

1 成水母漂姿勢。

2 左腳趾抽筋時，用左手包住腳趾握拳，直至腳趾舒緩無抽筋症狀。

3 右腳趾發生抽筋時，處理方式亦然。

4 需換氣時抬頭快吐快吸。

影片操作

腳趾抽筋：

https://lihi1.cc/aVfkO

四、小腿抽筋

1 呈現水母漂姿勢，用手抓住腳趾（筋太硬者可抓住腳踝）。
2 膝蓋盡量不彎，手往後拉讓抽筋腿打直。
3 另一隻手按摩小腿幫肌肉放鬆。
4 需換氣時抬頭快吐快吸。

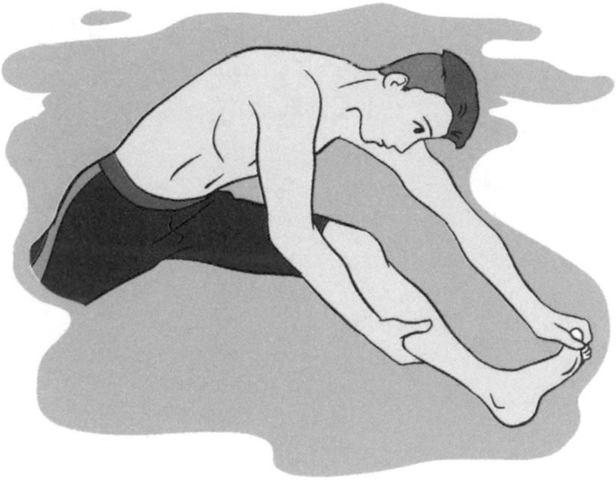

影片操作

小腿抽筋：

https://lihi1.cc/aKy5b

五、大腿抽筋

1 呈現水母漂姿勢。

2 同側手抓住腳背讓大腿向後屈膝拉筋。

3 另一隻手按摩大腿放鬆。

影片操作

大腿抽筋：

https://lihi1.cc/PmWiB

最後必須跟大家提醒：即便身體已從抽筋恢復，但體力不支的狀況下很容易再次發作，因為抽筋就是暗示你身體的能量不足，才會導致痙攣抽筋。所以，如果你已發生抽筋狀況，請立刻上岸休息並補充能量，千萬不可馬上再次下水。

TWO

2

溺水脫困技巧：仰漂、踩水、抬頭蛙

新聞現場 NEW

■ 2020-08-05

摘錄自 CTWANT 國際新聞 / 張羽緹編輯

《每日郵報》報導，一名十歲男孩在七月三十一日傍晚在玩耍時被沖出海面後失蹤了，而他遵從 BBC 節目《海上救援》紀錄片的建議，仰漂於水面上，因此得以在海上存活了一個多小時，直到被救援隊找到。

「不善泳技的遊客不斷往外海游，玩累了想回來才發現水流有拉力走不回來，想說自己會游泳就開始用游的，結果腳一離地反而因為游得太慢漂得更遠。因為不會水中自救技巧，所以無法保持頭在水面上呼吸，最後就只能載浮載沉呼救等待救援。」

在我這幾年的海域救生經驗，多數溺水意外都如上述描述。許多救上來的遊客都表示自己會游泳，但通常他們的意思是：在游泳池我可以。

海水雖然浮力較大，但相對也有風有浪，如果剛好遇到漲退潮有明顯往外的拉力，多數人的游泳能力都無法抗衡大自然的力量。

當我們在水裡出了意外，如果沒有任何漂浮物可以抓、沒有辦法靠自己的能力上岸時，**我們唯一的生存機會，就是保存好體力，盡可能在水裡撐上夠久的時間，等待別人來救援。**

因此，學會水中自救中的「仰漂」、「踩水」、「抬頭蛙」，是每個人都應該要做的事。

躺在水面上睡覺：仰漂

仰漂是一種透過憋氣與身體放鬆，讓身體漂浮起來的技巧。

一般來說，人掉到水裡後，如果做仰漂可讓身體浮於水面，在海裡甚至能輕鬆地躺在水面上，因為海水浮力較大、淡水浮力較小。淡水的密度為一‧〇，海水的密度大概為一‧〇三，而人體的密度因為每個人骨骼密度與體脂肪不同有所差異，平均來說為一‧〇二，所以在淡水漂浮時才會須略微閉氣，讓身體充滿著更多空氣增加浮力。

很多初學游泳的人，尤其是小孩子，對於「躺在水面上漂浮」有著無比的恐懼，因為看不到水面狀況、看不到周遭有沒有人、甚至看不到自己，隨波逐流的感覺會非常沒有安全感。

建議大家平時可以帶著浮板去游泳池，感受胸口抱著浮板躺在水面上的感覺，多練習操作讓身體習慣，才能在發生意外時反射性做出來。孩童通常是最常遇到溺水意外的族群，因為身高不夠容易踩不到地，若是家長疏於留意自己的小孩是否處在危險的狀況，很容易發生意外。

仰漂分類與操作方法

依體育署規定仰漂可分為三種：

一、大字漂

顧名思義就是手打開，腳放鬆微微張開，讓身體呈現大字。

大字漂是一般最常用的仰漂方式，因為最輕鬆、舒適、能撐的時間也最久。

二、水平漂

水平漂又稱為「一字標」，將手舉在頭兩邊，讓身體成為一條線。人體軀幹最重，當手放在頭兩側，能讓手腳的重量分布在前後維持平衡，讓腳能更浮得起來，甚至浮出水面。但因為上舉雙手多少會讓肩膀出到力，較不符合人體工學，所以手比較容易痠。

三、垂直漂

手放在身體旁邊，身體承半垂直狀態，只有頭露出水面，較不常使用。

仰漂的操作方法：

1 **放鬆、放鬆、放鬆！**身體放鬆才能漂得起來（因為身體緊張肌肉會緊縮、比重變高、浮力變小）。

2 吸飽氣以後，身體呈現大字躺在水面上，胸往前挺，腰打直，眼睛看上方。

3 換氣時快吐快吸，保持胸腔有足夠的空氣。

在學仰漂之前，一定要先學會站立

如果不知道仰漂後要如何站立，很容易在做完動作要起身時嗆水。一般人站立的慣性，就是先用腳去踏地板，但因為仰漂的動作是躺著，水中有浮力，所以在水裡想直接站起來的時候，很容易因為水阻站不起來而嗆到水。

水母漂起身法：

1 欲站立時，雙腿向腹部收，雙手去抱腿做水母漂。

2 此時身體會因為慣性正轉變成背部朝上，再將兩腳踩在池底。

3 確認雙腳踩穩時，眼睛目視地板，將身體抬起。

推水起身法：

1 欲站立時，雙手從前方往身後推水。

2 往後推的反作用力身體會向前傾，此時雙腳伸直順勢起身。

水中自救的第一項應該要學習的技能，就是仰漂！它能確保你在無法自救的情況下在水上自保，用最少的體力撐到人家發現你。

影片操作

水母漂起身法：

https://lihi1.cc/EIF4n

推水起身法：

https://lihi1.cc/CEH4O

站在深不見底水裡的方法：踩水

踩水又稱「立泳」，顧名思義就是「站立著游泳」。透過雙腳踩踏水、並搭配手撥水的協助，讓頭能夠保持在水面上。當發生意外時可以眼觀四面，看哪裡有漂浮物可以抓取、是否有人可以呼救求援，或在海上轉向定位非常方便。

以前聽聞過一些泳池同業分享：有些泳客因為自己游得快，當遇到前面的人游得太慢時，有時會游得太靠近差點撞到後才會本能地停下來站著，但此時卻發現泳池太深踩不到地，可是又不會踩水，在慌張之下就容易發生溺水狀況。

踩水分類與操作方法

雖然踩水的腳步動作有多種操作方式，但剪式與腳踏車式踩水都要有蛙鞋才比較好操作，打蛋式踩水則是相當不好學習，而蛙式踩水則只要會蛙式就很容易學會。故對於一般人而言，建議從蛙式踩水入門就好。

一、蛙式踩水

身體採直立的方式，腳在水下踢蛙腳，多數人最常使用的踩水方式。

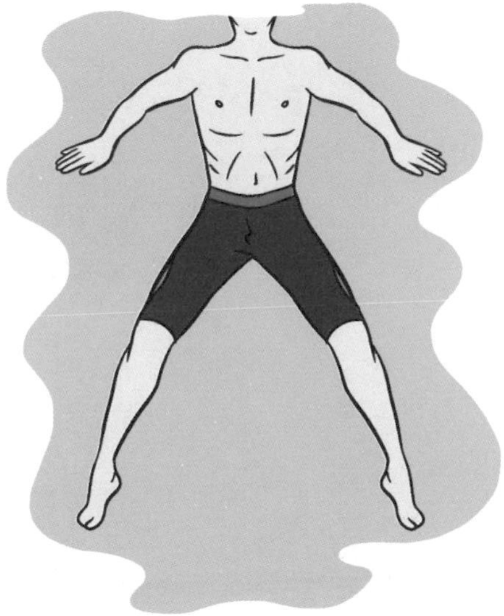

二、剪式踩水

腳在水下像剪刀一樣來回擺動，一般多為潛水人、有穿蛙鞋的人使用。

三、腳踏車式踩水

身體像坐在腳踏車上，腳像踩踏板一樣不停向下踩踏，通常也會穿蛙鞋操作。

四、打蛋式踩水

雙腳像打蛋器，輪流向內畫圓刮水，利用刮水造成的渦流讓身體上浮。這是較難學習的踩水技巧，但也是最省力且定位最穩定的，一般多為水上芭蕾的選手使用。

影片操作

蛙式、打蛋式踩水：

https://lihi1.cc/o8Z6h

手部動作稱為「搖櫓」：

1 兩手手指併攏，往內、然後往外撥水，無限循環畫∞。

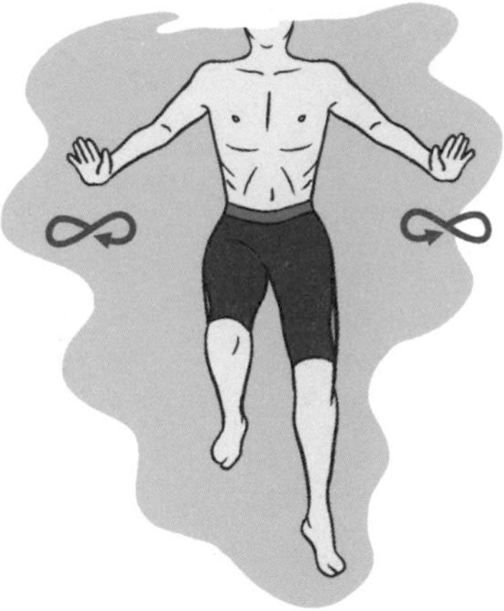

2 撥水時手掌面斜斜朝下約四十度角，向內撥時雙手呈「八」字形，拇指在上；向外撥時呈「\/」小指在上。

影片操作
搖櫓：
https://lihi1.cc/KnNfI

內撥

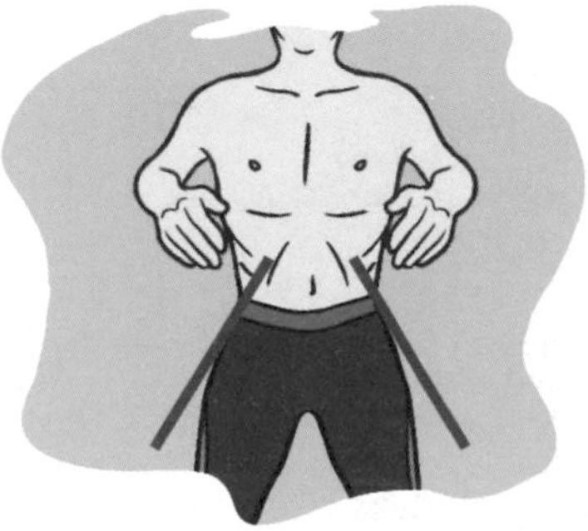

外撥

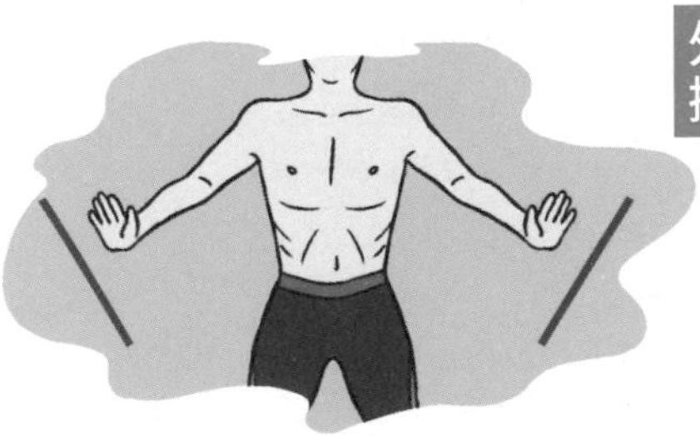

不太會踩水怎麼辦：滅頂踩水法

我們學習踩水的目的，是為了在踩不到底，且沒有蛙鏡的情況下，能夠正常呼吸換氣，並觀察四周是否有人可以呼叫求援。**所以，其實沒有一定要保持頭一直在水面上，重點是要能「呼吸換氣」！**

剛開始學習踩水時，因為還不熟悉動作且肌耐力不夠，要將頭穩定的浮於水面可能會很吃力。因此，這邊提供另一種比較簡單的過渡期操作法：**韻律呼吸下壓的手＋踩水的腳。**

方法如下：

- 人沉入水裡時，鼻子吐氣、手舉高。
- 人往上浮時，順勢往下做「韻律呼吸下壓手」＋「蛙式踢腳」。
- 頭浮出水面後嘴巴吸氣換氣。

影片操作

滅頂踩水法：

https://lihi1.cc/n5eFg

只要重複上述的動作，我們即便是在踩不到底的環境，也能夠持續換氣、等待救援。

不費力又保持頭在水面上游泳：抬頭蛙

傳統蛙式必需戴著蛙鏡在水面下游泳，抬頭蛙則可以讓頭保持在水面上，當發生意外時可以確定自己離陸地有多遠，用最短的距離游向岸邊。

很多人雖然會游蛙式，但卻不見得會抬頭蛙。因為要把頭保持在水面上不是一件容易的事情。不過，抬頭蛙游不好的原因除了可能是蛙式游不好以外，跟仰漂有沒有學好有很大的關係。因為抬頭蛙游起來的感覺其實可以說是「正面仰漂」+「蛙式」，運用仰漂的浮力讓頭可以浮在水面上。

抬頭蛙操作方法與技巧

- 儘量讓身體貼水面，才能有良好的浮力。頭抬得越高，腳自然越沉，就像翹翹板一樣。
- 胸腔有氣很重要，氣憋住有助於身體浮起來，胸部感受類似仰漂。
- 因為頭需抬於水面，脖子會需要出力。

影片操作
抬頭蛙：
https://lihi1.cc/1d8zY

一般來說，我們去海邊溪邊玩水根本不會戴蛙鏡，所以能夠保持頭在水面上不僅可以辨識方向，也能避免沒泳鏡就不會游泳的窘境發生。

• • •

臺灣的游泳教育常常讓游泳檢定合格的人認為自己很會游泳，其實除了泳技的訓練，更應該要增加自己救援與水中自救的能力，才能在真的意外發生時派上用場。

自救技巧總結

仰漂

最能輕鬆在水面上等待救援的技巧

吸飽氣以後，身體放鬆躺在水面上，胸往前挺，腰打直，眼睛看上方。嘴巴快吐快吸換氣，保持胸腔有足夠的空氣。

踩水

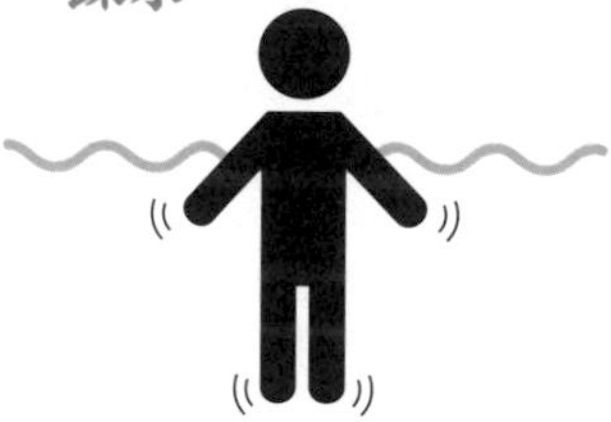

又稱立泳，眼觀四方水上定位

上半身直立，頭在水面，下半身類似坐在水裡，腳踢蛙腳。手做搖櫓：兩手指併攏，往外往內撥水，畫無限符號。

抬頭蛙

頭維持水面，沒戴蛙鏡也能游向岸邊

正面仰漂＋蛙式，運用仰漂的浮力讓頭維持在水面，嘴巴快吸快吐換氣，頭抬於水面，脖子需要出力。

THREE

3

浮具的救援應用與製作方法

新聞現場
NEW

■ 2020 年 10 月 29 日
摘錄自聯合報 / 記者黃宣翰報導

清晨，三名在安平商港南堤岸的釣客，因閃避不及突如其來的大浪而落海，所幸三人都有穿救生衣，被海巡及消防人員救起後沒有大礙。

過沒四天，安平商港北堤防也傳出一名釣客不慎摔落海面，海巡救生艇前往搶救，但找到並將釣客拉上船艇時，已無生命跡象，送醫急救仍回天乏術。

根據救生協會調查，釣客落水時若穿著救生衣，九成以上可獲救；不穿救生衣則致死率高達七成。

在救生器材中，最廣為人知的即為救生衣與救生圈，除此之外，我們在從事水域相關活動時還應該備妥哪些裝備？若缺乏裝備的時候，又如何以手邊現有物品製作應急浮具呢？

認識救生衣與魚雷浮標

救生衣

我以前在當教練帶團從事獨木舟、SUP或是溯溪活動時，都會要求參與的客人要穿上救生衣，但其實這些「救生衣」並不是在電影會看到，出意外時會卡在脖子上的那種救生衣，而應該稱為「浮力背心」，其具有一定的浮力，也保留了手臂空間方便游泳與划水。

依據使用情境，救生衣也會有不同的設計細節：

- 遠洋漁船會考慮穿著救生衣從高處跳下來的情境。
- 夜晚使用的救生衣則會增貼反光條。
- 溯溪的激流救生衣會考慮到救援設計。

除此之外，救生衣在規格上也有不同的浮力限重，在購買時也需特別注意。一款合格的救生衣在穿上以後，即便是在昏迷的狀態且臉部朝下，應當也能讓溺水者在十五秒內翻轉身體，讓面部朝上、嘴巴離開水面，增加溺水者存活的機率。臺灣目前並無單位做救生衣的浮力測試，民眾購買救生衣要自己多加注意，以免買到劣質品。

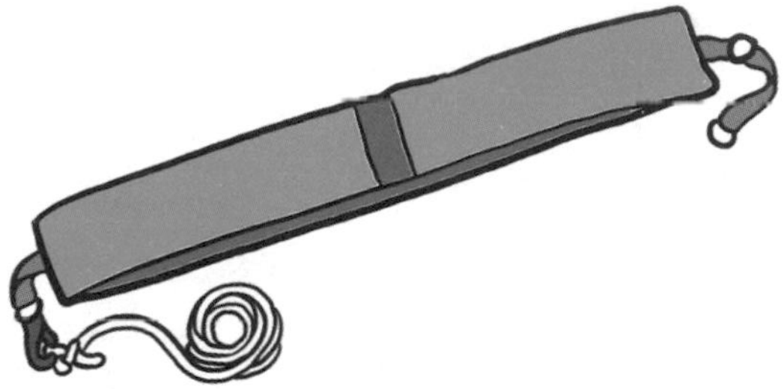

魚雷浮標

除了救生衣以外，一般民眾最容易接觸到的救生器材大概就是「魚雷浮標」了。

魚雷浮標是由強度大、密度小、防水且兼具柔軟性的浮材所製成的長條型浮具，並且有背帶供使用者於游泳時斜背於腋下。一年一度的橫渡日月潭活動，所有的參賽者都會被要求攜帶魚雷浮標，由此可見魚雷浮標的重要與實用性。

在我擔任海水浴場救生員的期間，魚雷浮標其實才是我們最常使用的救生器材。其功能與救生圈雷同，在遇到緊急狀況時，可拋擲給溺水者接住再將其拉回岸上，或是由訓練過後的專業人士背負魚雷浮標游至溺者

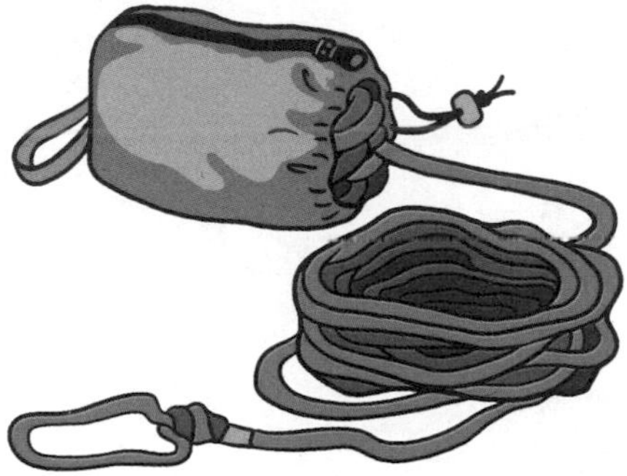

身旁，直接將浮標遞給溺者，再協助溺者游回岸上。

拋繩袋

拋繩袋是警消在溪邊救助溺者非常常用的一種救援工具，簡單來說就是一個袋子裡面有一條十五～二十五公尺長的繩子，繩子材質為浮水繩可以浮在水面上，體積小攜帶方便。

在溪邊遇到有人被水流沖走或掉入深潭時，針對尚有意識的溺者，可將拋繩袋拋給溺者，待溺者抓住繩子以後，利用鐘擺效應將溺者拉回岸上。因為攜帶方便且實用，建議一般民眾也可以購買或自行製作帶去溪邊。

如何製作緊急用浮具？

雖然救生衣與魚雷浮標是民眾最常接觸到的救生器材，但除非是不會游泳的人，多數人在戲水過程中可能因為怕會影響玩水的樂趣，或是覺得穿著救生衣很丟臉不夠帥，其實多數人不會穿著救生衣；魚雷浮標則是因為體積過大，很多人也懶得攜帶。

但是，多數的開放水域環境現場並不會提供救生圈等浮具，假如現場真的沒有任何救生器材，遇到溺水意外時該如何是好？

游泳圈製作浮具

雖然游泳圈不是正規救生圈，但至少具有一定的浮力，方便攜帶也容易從現場其他遊客取得，不失為應急的一種救生器具。

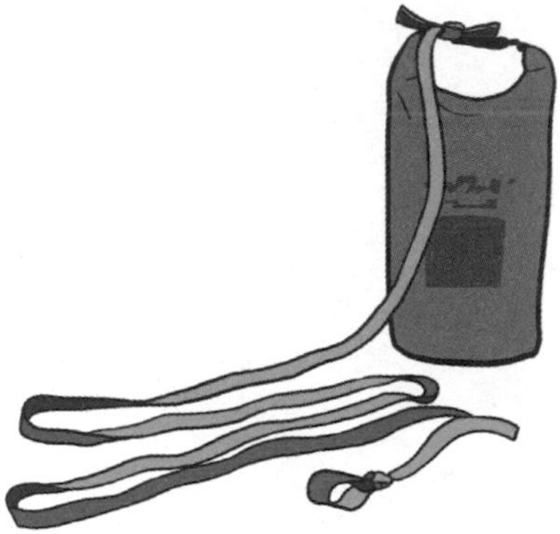

由於游泳圈通常表面光滑不好抓取，故可自行備妥浮水繩、尼龍繩或扁帶，長度至少要有十米（最好是二十米），將繩子綁在游泳圈上，即可成為可以拋擲給溺者抓住的浮具。

防水袋製作浮具

一般十公升大小的捲收式防水袋，儲氣量勉強可以讓一個成人在緊張的時候抓住於水面漂浮。使用時應將防水袋裝滿氣，並至少捲三摺將扣具扣住，如同上述游泳圈的操作方式，將繩子綁在防水袋上，即可拋擲給溺者。

保冷冰箱

除了游泳圈與防水袋以外，有一些人會帶著保存食物與飲料的保冷冰箱，這類保冷冰箱的內層多為保麗龍，浮力相當不錯，也是一種適合拋擲給溺者的救命工具。但必須注意不要直接扔中溺者，否則可能會造成溺者受傷。

• • •

即便有攜帶救生衣、魚雷浮標或懂得如何製作浮具，還是必須想辦法把浮具送到溺者手上，這才是最重要的！因此，拋擲必須多練習，緊急時刻才比較不會失誤。

另外，我們最好拋擲的位置是在溺者的肩膀旁、或是他的下游處五十公分以內，方便溺者抓取；如果真的失誤拋歪，也切記不要拋到溺者的上游。

因為溺者人在水裡，漂移速度就跟溪流速度差不多，而浮水繩因為會浮於水面，水面的流速較慢，反而拋在下游的繩子會讓溺者有更高的機率抓住。

這些緊急用的浮具，建議最好事先製作好放在岸邊，以備不時之需。當有人發生溺水狀況呼救時，沒有那麼多的時間等你做好準備。畢竟拋擲失敗再拉回來重新扔一次，可能一分鐘就過去了，溺者已經不知道被沖到哪裡去了。

FOUR

4

認識救生衣的款式與差異

新聞現場

NEW

■ 2021 年 10 月 26 日
摘錄自蘋果新聞網

彰化縣一名廖姓男子在臺中港北堤釣魚時，疑似不慎失足頭部撞擊水泥塊後落海。臺中港務消防隊獲報馳援，利用吊車將廖男吊掛上岸並以 AED 電擊送醫，急救一個多小時仍宣告不治。

據消防隊表示，廖姓男子在落海時頭部先撞到水泥塊而後才落海，發現穿著救生衣的廖男呈現面部朝下漂在海裡載浮載沉。消防隊也呼籲，北防波堤垂釣的釣客很多，隨著東北季風增強，釣客務必做好防護措施，垂釣前也要注意氣象，避免遭強風吹落海。

上述新聞事件，我們可以看到雖然這次落海的釣客有穿著救生衣，但從新聞畫面看到，落海後他的臉部依然浸於水裡，所以研判這位釣客穿著可能是浮力不夠的救生衣，甚至穿的不是救生衣，只是「浮力背心」；因此落海後，沒辦法保持面部朝上，無法暢通呼吸，而導致憾事發生。

因此，救生衣不是有穿就好，認識救生衣的種類，並選擇合格的救生衣，才能在關鍵時刻救你一命。

救生衣的標準與分類方式

救生衣的浮力設定是以牛頓（N）為單位（1N約等於〇．一公斤），**50N就能讓一個正常體重的成人浮於水面。**因為人體組成有七十％是水，加上脂肪有浮力，因此大多數的成人只需要20至30N的浮力即可漂浮。

在近幾年，國際標準組織（International Organization for Standardization，簡稱 ISO）推出了新的 ISO12402 認證，根據不同的浮力大小與功能分為二大類：

1 Lifejackets：救生衣。無論使用者的身體狀況如何，都能將使用者自動翻正，讓面部朝上可以持續維持呼吸。

2 Buoyancy aids：浮力輔助設備。需要透過肢體運動來協助使用者面部朝上，保持呼吸道暢通。

ISO 12402-5：2020

個人浮力輔助設備 level 50 級（又稱為助浮衣或浮力背心），適用於身體體重至少二十五公斤的民眾。多數水上活動皆穿著此種，提供使用者基本的浮力且不會造成活動不便，但如果發生意外時無法將口鼻自動扶正。

ISO 12402-4：2020

個人救生衣 level 100 級，可在波浪較小的海域使用，使用者穿著衣服時也能提供足夠的浮力。

ISO 12402-3：2020

個人救生衣 level 150 級，可於一般近海或比較洶湧的水域使用，在使用者穿戴整齊衣物的情況下也能提供足夠的浮力。

ISO 12402-2：2020

個人救生衣 level 275 級，可於惡劣條件下的海上使用，在使用防護服或攜帶額外裝備時使用，能夠提供較大的浮力。

延伸閱讀

本篇翻譯整理自 ISO 英文官方網站，ISO 12402 的認證規範與相關細節請參考原文，其中包含了特殊應用的狀況、救生衣材料和元件的安全測試方法。

ISO - International Organization for Standardization

https://www.iso.org/home.html

ISO - 13.340.70 - Lifejackets, buoyancy aids and flotation devices

https://www.iso.org/ics/13.340.70/x/

如何挑選適合的救生衣？

我們在從事各類與水接觸的活動時（出海賞鯨、划獨木舟、溯溪等），為了防止意外的發生，民眾都會穿著業者提供的救生衣。我們可以根據不同的活動挑選適當的救生衣，讓救生衣兼顧「保護安全」與「方便活動」兩項功能。

一般來說，休閒遊憩性質都不需要穿到浮力係數很高的救生衣，通常都是選擇50N的浮力背心或是100N的救生衣就足夠。

除了浮力考量以外，救生衣的款式也會影響到我們從事水上活動的靈活度與操作度。救生衣分為「浮力材料的填充式」與「充氣的氣脹式」，依版型也有長短版之分。我們這邊僅探討一般休閒活動常用的「填充式」。

獨木舟、SUP

獨木舟活動初學者多以坐姿划行，因此建議穿著短版設計款式，較不會影響到划行動作或因為坐姿而造成救生衣卡到脖子。如果是長時間以站姿划行的玩家，也可以挑選長版的救生衣。

另外要注意的是，當我們落水時因為身穿救生衣，如果要爬回板子上，其實沒穿救生衣會比穿救生衣好爬，因為多一層救生衣的厚度容易造成身體卡住。不過，我們也不能因為這個理由就不穿，而是應該要多練習「翻板復位」才是。

溯溪

一般來說，溯溪活動會有許多攀爬動作，或是會使用到繩索垂降，因此不易卡到身體的短版救生衣就比較適合。

另外要注意的是，因為從事溯溪活動時，會有較多的機會從事跳水體驗，因此要特別注意救生衣是否合身，根據不同救生衣的款式胸前會須保留不同的空間大小。**測試的方式：穿上救生衣後，請同伴抓住肩上的救生衣往上提，此時高度不能超過耳朵。**如果救生衣過於寬鬆，很有可能會在落水後造成救生衣從上方脫落。

釣魚

釣魚活動通常都在碼頭邊，或是坐船到離岸邊不遠的地方釣魚，因此選擇100N等級的救生衣大致上就足夠了；如果是到較偏遠的海域，則可以選擇150N等級較為恰當。

水域安全知識更重於安全裝備

一般的休閒商業團，水上活動業者都會提供救生浮具給參與者；但民眾在戲水的時候，即使不具備在開放水域的游泳能力，多數人還是不會穿著救生衣。即使有準備，也可能是在購物網站上，隨便挑選並購買便宜的救生衣，而不會考慮到裝備是否合身、是否適合當時從事的水上活動類型。

最重要的是，**有了救生衣不代表我們不會出意外，而是在活動期間多了一份保險，能夠確保我們有更高的機率在發生意外時可以獲救。**

在缺乏水域安全知識的情況下，比如說颱風天跑去划獨木舟、午後雷陣雨跑去溯溪、有長浪時在消波塊上釣魚，都是徒增意外發生的風險，造成救援成本浪費。

因此，在從事水上活動時選擇適合的救生衣穿著，在有風險的時候不從事水上活動，都有助於避免意外產生。

認識水上活動風險

Part 5

ONE

1

浮潛浮一浮就漂走了！？

新聞現場

NEW

■2020年9月26日

摘錄自中時／蔡旻妤報導

綠島石朗浮潛區下午一對母女檔浮潛客疑似遭海流帶離岸際約五十米尺，綠島安檢所人員聯繫附近漁船前往協助，並與附近從事浮潛活動的教練合力將兩員浮潛客成功救援上岸。

另外，同一天綠島中寮漁港晚間也傳出有兩團浮潛客共十八人進行浮潛時，由於晚間浪大，浮潛客一度體力不支以致游不回岸邊，民眾見狀趕緊報警。消防人員趕到現場後十八名遊客已經陸續游上岸，也有部分遊客上岸後，直接倒在岸上無法動彈。

為什麼浮潛意外發生的機率這麼高？

浮潛是夏天非常熱門的休閒活動，因為有裝備提供保護，即便是水性不佳或不會游泳的人也能在大海中游動、欣賞水裡的珊瑚生態、以及各式各樣的海洋生物。

不過就新聞報導與相關數據統計，一般休閒浮潛的意外發生機率，並不會比水肺及自由潛水等活動低。原因也不難理解，因為浮潛是一種只需要面鏡和呼吸管就能參與的活動，這些裝備隨手可得，各大量販店及網路上都可以買得到。也因為裝備取得門檻低，很多家庭去溪邊海邊戲水都會帶著。

我在海邊執業的時候，每天都會有許多遊客帶著這些裝備、穿著浮力衣在海上漂浮。因為仰賴著裝備提供的保護，很多從事浮潛活動的遊客都不擅泳技，甚至根本不會游泳。

既然連游泳相關技能都不足，通常也沒有太多水域安全觀念，因此就會在錯誤的地點、錯誤的天候下水。在沒有自救能力的狀況下，自然發生溺水意外的機率就變高了。

浮潛活動的潛藏危機

因為浮潛都是在「水面上」移動，且通常是在較淺的水域，容易讓人失去警戒心。但其實只要是水上活動就會有風險，以下介紹幾種從事浮潛時，容易發生的意外狀況。

器材使用不當導致溺水

在從事水中活動時，呼吸方式與陸地上有很大的不同，一般來說是用嘴巴呼吸，如果沒有常常玩水的人其實會很不習慣。而從事浮潛活動的時候又更特別，是戴著面鏡與呼吸管，所以不管吸氣吐氣都是用嘴巴操作，這件事對於沒有使用過的遊客會有很大的適應門檻。

在不熟悉的狀況下，當低頭看生物、抬頭看水面、甚至是風浪打過來時，呼吸管就有可能進水，這時候如果不懂得用呼吸管排水，就很容易因為吸到水而嗆水，嗆水後一緊張就容易發生意外。市面上雖然有出所謂的「乾式呼吸管」，會有一個單向閥阻止水從呼吸管灌進來，但一樣會有失靈的風險。

另外，「面鏡進水」也是常見的狀況，在面鏡進水時會下意識用鼻子吸氣，此時就容易嗆到。

不小心漂至外海

很多人在浮潛活動時都只看著海面下，從來不會抬起頭來標定方向定位。遇到海邊有流的時候，不知不覺就被帶到外海，當察覺自己離岸邊越來越遠已為時已晚，因為泳技不精也無法回到岸上。

另一種狀況是，在海裡看到美麗的魚或海龜，自行脫離團體或與友人不

浮潛潛藏危機

器材使用不當

意外漂至外海

緊張過度換氣

斷追逐拍照，一回神才發現離岸已遠。

因焦慮而導致過度換氣

很多參加浮潛活動的人並沒有太多玩水經驗，之前沒有去較深的水裡漂浮過，也可能是首次使用面鏡呼吸管。

各種第一次的體驗都可能造成心理緊張，為了緩和焦慮導致下意識大口快速急促呼吸，就有可能發生「過度換氣」，導致身體出現胸悶胸痛等不適。

如何降低浮潛產生的風險

雖然浮潛因為裝備容易取得，導致發生意外的機率高，但我們依然能依據一些原則，降低意外發生的可能。

找尋專業且合法的潛水機構

專業的帶活動機構，下水前會有正確的教育溝通流程，活動中的教練遊客比例也是合理的，一位教練通常配置六～八位遊客；活動時也會知道哪裡適合上下岸、海域的水流狀況、船隻的航行範圍、以及發生狀況時該如何協助救援。

多次實際練習，找到適合自己的裝備

在有一定的體驗基礎後，有些人會開始想自己嘗試在不同的地方浮潛。在購買裝備時，應當先瞭解面鏡呼吸管要怎麼使用，並且在正式下水前多次實際操作，並模擬常見的意外狀況，這樣才能感受現有裝備是否適合適用。

另外，浮潛也建議一定要穿蛙鞋及顏色鮮明的救生衣。除了出狀況時容

如何降低浮潛危機

找專業機構　多練習裝備　不一個人浮潛

易被發現外，蛙鞋也能提供更好的前行動力幫助你回到岸上。

不要一個人去浮潛

水肺與自由潛水都有「潛伴制度」，也就是下水時絕對不會是一個人，潛伴間也會瞭解彼此的潛水計畫、游泳能力等等。這樣的規劃也應當在浮潛活動中，而不是自己抓著裝備就跑下水，卻沒有人知道你打算潛多久、潛去哪裡。

團體活動的風險比起個人活動風險相對較低，有同行的朋友也能在發生狀況時互相照應

TWO

2

想要溯溪，「溯溪三寶」帶了嗎？

新 聞 現 場

NEW

■ 2020 年 6 月 20 日

摘錄自聯合報 / 記者王燕華報導

太魯閣國家公園內的花蓮縣秀林鄉黃金峽谷，傳出有三名遊客溯溪時遭落石砸傷。消防局組成三十人救難小組上山搜救，其中傷勢最重者發現時已無呼吸心跳，另兩名輕傷者送醫救治。

新聞現場的案例「黃金峽谷」位於三棧南溪內，為地質敏感高風險區域，容易有落石坍方，入園須向太魯閣國家公園提出申請，未申請者涉違反《國家公園法》，可依法開罰。

雖然報導中提到該自組溯溪團未申請入山證，然而，有沒有申請入山證跟會不會遇到落石掉落，其實一點關係都沒有，更重要的應該是懂得如何面對在溯溪活動中會遇到的危險。

自組團和商業團的差異

溯溪活動在臺灣是非常熱門的戶外活動之一，每每週末假日都可以看到許多戶外活動公司帶著十多人、甚至數十人的隊伍在溪谷中穿梭。近幾年越來越多人會在網路上彙整戶外活動資訊，甚至拍攝影片，使得熱門景點更容易抵達，也造就了許多想親近戶外、但不願意付費找專業業者的人，在網路上自行組團前往。

通常這類團體很多都是第一次前往該地點溯溪，相較於在地業者可能每週都來帶團活動，並配有專業溯溪裝備，自組團無論在經驗上或可承受風險上，都明顯較商業團不足。

具體來說，自組團可能會遭遇哪些問題呢？

- 不瞭解路線資訊。
- 不清楚最近的溪流出水量。
- 不知道高繞過溪的位置。
- 不會觀察水路的上溯點在哪。
- 不清楚上攀的岩壁手點與腳點。
- 不知道深潭瀑布如何渡過。
- 不懂得判斷跳水點。

- 不清楚常發生落石的地方。
- 不知道夜晚搭營位置該如何挑選。
- 不會判斷適合的進入時間與查核點。

以上這幾點都需要經驗累積和學習專業知識，對資訊不熟悉又缺乏經驗的狀況下，就可能讓自己身陷危險之中。

即便沒有要參加商業團的活動，我們也應該多做功課，上網研究最近是否有人前往該處溯溪，並且找水性比較好、具有溯溪經驗的朋友一起前往，就能降低戲水風險，也能從中學習到人家的專業與溯溪方法。

溯溪的正確服裝與裝備應用

我本身以前也曾帶過溯溪商業圈，這些年常在溪邊遇到遊客未著正確服裝，甚至沒攜帶任何溯溪裝備，腳穿一雙拖鞋、身著牛仔褲與T-shirt就在溪邊玩水，此種類型的人溺水意外發生的風險會很高。

從事戶外活動，行前準備越充足、裝備越齊全，越可以幫助你避免不必要的麻煩。尤其溯溪的環境具挑戰性，更需依賴裝備的輔助，以下將介紹溯溪必要的裝備。

溯溪三寶：溯溪鞋、救生衣、頭盔

多數的溪流環境因溪底溼滑有青苔，一般的鞋子較無法提供抓地力，如果溪水流速湍急，就很容易滑倒導致人被沖走。

因此，建議一定要穿溯溪鞋。溯溪鞋在挑選上，「毛氈（菜瓜布）底」會比「橡膠底」，更能有效提供抓地力；另外，比起「低筒」的溯溪鞋，「高筒」會是更好的選擇。如果是低筒的溯溪鞋，溪底的泥沙容易在渡溪時大量灌入鞋中，造成走路感到不適影響行進；高筒的溯溪鞋也能避免腳滑跌倒時直接撞上脛骨，減輕疼痛。

而救生衣則能提供身體浮力，在掉入深潭瀑布或不小心被沖走時，能提高被救援的機率。頭盔則能保護頭部不被落石直接擊中，或是滑倒時頭不會直接撞上石頭。

溯溪好幫手：手套、防寒衣

除了上述必帶的溯溪三寶以外，防寒衣可以在溯溪時提高溫度，就像多穿了一件衣服一樣；防寒衣也能在滑倒撞擊時提供緩衝，並且讓身體不會直接刮到岩壁受傷。

手套則是能幫助我們溯溪攀爬時抓石頭更穩，防止手指被割到，拉繩上攀也能提供更好的抓握感，不容易磨傷，是非常好的溯溪小物。

溯溪打包裝備：防水袋

根據我多年在溪邊玩水的經驗，很多人去溪邊玩水是不用防水袋的，還是背著在都市裡用的布包包，完全沒有任何防水功能。而溯溪過程中最重要的事之一，不就是要確保你的食物、3C產品不會溼嗎？

防水袋現在已經隨處都可購買到，便宜款式也多樣，製作成緊急救援浮具也方便。我建議至少要買十公升以上的款式，基本人身物品都應該能裝得下；另外最好是買「雙肩背」而不要買「單肩背」，行走時包包受力較平均，比較不會發生走到一半背帶斷掉的窘境。

其他專業設備：扣環、對講機、浮水繩

從事溯溪活動時，除了上述必要裝備，更專業的行程甚至應該帶著扣環、對講機、二十公尺的浮水繩等等，這些都能讓你在遇到狀況時更好地保護自己。回家的路要自己創造，做好準備才能讓你安全回家。

溯溪裝備 3+2+2

溯溪鞋

菜瓜布底、高筒。

救生衣

頭盔

＋

防寒衣

手套

＋

防水袋

繩子

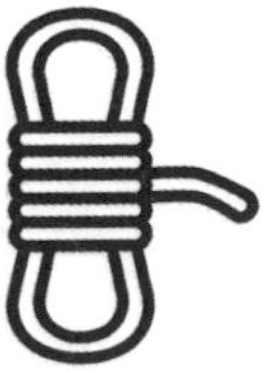

遇到落石怎麼辦？

溪谷間本來就常有落石，造成落石的原因很多，可能是地震造成土石鬆動、下雨讓土石鬆軟、動物行進不小心踢落等等。即便我們有戴頭盔、做好防護，但當拳頭大的石頭從二、三十公尺高的岩壁掉下來時，頭盔的防護效果其實很有限。

一般來說落石掉落的情況有兩種：

1 大規模的土石坍方。

2 些許的土石掉落。

如果是第一種，直接掉頭向後跑就對了。大規模的土石坍方不僅會阻斷連通道路，還會伴隨大量塵土撲面而來，視線不佳，增加逃生難度。大量的

落石應對策略

小落石

落石塊可能撞到岩壁彈飛，人貼近岩壁且臉面向內側。

大坍方

土石坍方可能阻斷道路，掉頭就跑儘快離開現場。

土石落下，除了造成身體直接的損傷以外，甚至有造成溪水暴漲的可能，因此要儘速在第一時間撤離。

如果遇到第二種情形，在溪谷行進時聽到土石掉落的聲音，第一時間的反應應當是「人盡量貼近岩壁，且臉面向岩壁」。因為土石掉落時撞擊到凸出的岩壁會讓石頭往外彈飛，貼近岩壁可避免被落石砸中。

THREE

3

新興的水上休閒活動：獨木舟 & SUP

新聞現場
NEW

■ 2021 年 1 月 2 日
摘錄自華視 / 張益鈞、莊雨潔、劉俊男報導

元旦假期一群遊客到花蓮溪口划立槳，卻被強勁海流帶往外海，越漂越遠，沒有力氣划回岸邊，海巡隊獲報後立即出動船艇，將七人全數救起載回岸邊。

海六隊艇長林玉奇接受媒體採訪時說：「這個位子離岸大概〇．三浬，因為這邊是水流很強的，所以就被直接帶出去。」從後續報導也可知道，一開始遊客還想要努力往回划，但後來有一、兩人體力不支，直接被水流帶往外海，其他人看到想要搭救，卻也被水流帶得越來越遠。

划獨木舟與SUP的事前準備

獨木舟與立式划槳（SUP）是近幾年非常盛行的水上戶外活動，宜蘭東澳及花蓮清水斷崖都是熱門景點，尤其SUP更是受到許多年輕人的喜愛。每年暑假七、八月期間是活動的旺季，往往會在海面上看到少則五、六十艘、多則一、兩百艘的壯觀景象。

我曾經在溪邊及海邊當過獨木舟與SUP帶團教練，即使擁有一定的教學時數與經驗，在裝備上仍是絕不馬虎，從救生衣、遮陽帽、水母衣、防水袋、浮水繩，甚至是對講機都會攜帶。不過，近幾年去開放水域戲水時，總會觀察到許多遊客裝備準備不足，例如SUP腳繩沒繫、甚至根本不穿救生衣下水。

雖然前面已經呼籲過很多次了，但還是要提醒大家，所有戶外活動都會有風險，即便是使用載具、有穿救生衣的獨木舟與SUP活動，也是有可能因

划獨木舟與 SUP 事前準備

暈船藥

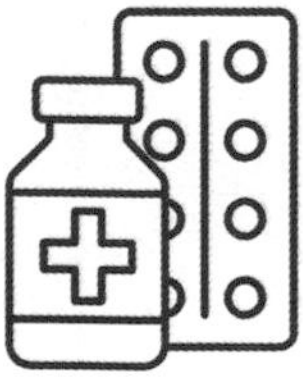

多喝水

做防晒

為準備不足或專業知識不夠而造成意外發生。

暈船藥、多喝水、做防晒，缺一不可

尤其實際有參與過獨木舟與SUP活動的人就能體驗到，其實這兩項都不是太輕鬆的水上活動。

市面上目前販售的活動通常都是以半天為單位，也就是說，至少都會在水面上待兩到三個小時，如果業者沒有多餘人力做後勤支援，即使遊客身體不舒服也無法提前上岸。

因此，事前準備如活動前吃暈船藥，活動過程中攜帶能提供能量補給的食物，及準備充足飲水，身體做好防晒遮陽，避免皮膚過度曝晒造成紅腫發炎，都能讓我們避開可能發生的意外。

不懂溪流海況，是發生意外的主因

現在因為有許多大型連鎖戶外用品店，即便是獨木舟或SUP這種大型水上活動，所需的器材也相當容易購買取得，且入門的價格門檻也不像以往那麼高，於是許多民眾會選擇自行購買器材至開放水域遊憩。有些在地業者為了填補冬天淡季的業績，也會將獨木舟與SUP租給遊客。

不過，如果是選擇自行遊憩而不是跟著專業的教練前往，必須注意到環境可能帶來的風險。

選擇適合自己程度的水域環境

開放水域的遊憩環境大概分為三種：湖泊、溪流、以及海邊。湖泊相對平穩沒有風浪，適合入門的民眾嘗鮮；溪流環境較為複雜，有些水流較為湍急的場域適合資深玩家，有些相對平緩的場域則適合一般民眾；海邊通常為高風險環境，建議由專業教練帶隊，或與專業玩家一起前往。

操作不熟練，也有可能帶來潛藏風險

不管是獨木舟或SUP，在活動過程中會遇到最困難的狀況其實是這兩種：

1 岸邊上下岸。

2 遇上翻覆時要如何回到舟板上。

上述技巧需要經驗累積與不斷練習才能熟能生巧。我以前帶團的時候，常常遇上遊客無法靠自己回到獨木舟與SUP上；另外即便現場教練不斷手勢指揮，多數遊客也無法掌握上下岸的時機，常常看到教練去攙扶翻覆落水的遊客。

瞭解風、浪、流，懂得判斷自然因素的影響

多數民眾對於遊憩景點的溪流海況不像當地業者這般熟悉，如果遇上有同行

活動注意事項

選擇適合水域

- 入門選擇：平靜湖泊。
- 進階選擇：難度適中的溪流。
- 專業教練帶隊：風險高的海域。

熟悉器材操作

- 練習上下岸技巧。
- 用槳控制倒車轉彎。
- 船翻覆時如何爬回船上。

瞭解環境因素

- 運用專業 APP 判斷風浪流。
- 考慮出航與返航是順向還是逆向。
- 評估自己的體力狀況。

友人身體不適、體力不支等情形，在事前沒有做功課、不懂得判斷離岸流、或遇上海象不佳等環境風險，很有可能就會發生無法回到岸邊的窘境。

這邊提供幾個簡單的判斷方式：

新手一定要注意的三個重點：風、流、浪。活動前可利用氣象局網站觀察當地天氣與潮汐狀況，也可利用專業APP（例如Windy）瞭解浪高、風速、風向、流況、水溫等資訊。

天氣：如果現場看到遠方烏雲密布，代表雷雨可能來臨，應立即返程上岸。

風向：如果下水時離岸順風，那回來就會比較辛苦，而回程也是比較沒有體力的時候，這時候就更要抓好返程時間。

流況：下水時剛好有順離岸流，那回程就會如逆風一樣會比較辛苦，需評估好自己的體力狀況。

真的不小心漂出外海，怎麼辦？

海邊有強勁的風與海流，所以在海上划獨木舟或SUP相對吃力，如果平時沒有運動習慣的民眾，可能划水十分鐘就會覺得疲勞，再加上海邊有浪，當休息不動時就容易暈船想吐。如果剛好回程遇上逆風，因為去程已體力耗盡，回程就有可能因為體力不支無法划回岸邊，反而越漂越遠。

在船上等待救援是最好的方法

遊憩時如真的不小心因任何原因漂向外海，請記得待在獨木舟或SUP上等待救援，千萬不要隨便離開船體，避免浪費體力及發生落水等意外。在發現有漁船或其他救援船艇靠近時，**可做國際救援動作：將槳立著舉向天空旋轉揮舞，讓對方知道你有困難需要協助。**

如果是遇上船翻覆人落水

請切記不要讓獨木舟或SUP漂離你的身邊，即便無法重回船上，攀附手扶著船體，也可以讓你節省體力等待救援。

出意外怎麼辦

人在船上

槳舉高向天空旋轉。

人不在船上

仰漂等待救援。

如果不幸船翻覆漂離

此時千萬不要緊張，如有同行友人一起落水，請呈仰漂姿勢，眾人手牽手群聚躺著腳朝內圍成圓圈，保存體力待援，亦可不定時吹救生衣上的哨子，讓他人知道你們的位置。

在從事水上獨木舟、SUP活動前應先培養好自己的體力與基本知識，從平穩的湖、緩流的溪、到有風浪的海分級體驗嘗試。千萬不要一股腦兒地朋友揪團就參加，罔顧自己的生命也造成他人的困擾。

FOUR

4

自由潛水&水肺潛水

新聞現場 NEW

■2020年8月24日
摘錄自東森新聞報導

彰化和美一間游泳池，驚傳潛水意外，二十一歲的張姓男子和家人一起到游泳池，正在練習自由潛水憋氣，突然就昏迷無意識沉在水中長達四分鐘，家人才發現不對勁，趕緊請救生員將他救起，張姓男子已經沒有生命跡象。

游泳池業者表示，張姓男子腦部缺氧會如此嚴重，是因為想挑戰五十米潛泳，卻在水中昏迷超過四分鐘，不是一個常規性的溺水。

這幾年戶外活動的風氣越來越盛行，有許多人開始投入水肺潛水與自由潛水活動。然而，潛水是相當高風險的運動，因為在水下沒人可以幫助你，只有你能保護你自己。

不會游泳也可以學潛水嗎？

不管是水肺潛水或是自由潛水，都會需要多天的室內課程與室外培訓練習，即便是上完課取得證照以後，都還只是拿到「最基本的入場券」。水肺潛水及自由潛水，都是一門專業技術。

當我們在網路上搜尋各大自由潛水品牌時，會發現大部分業者對於「不會游泳是否可以學潛水」的問題，都有著類似的回覆：

「會游泳的人通常水感比較好、學習比較快，但不代表不會游泳就學不會，只是練習的時間可能會比較長。不過，如果你是連頭放入水裡都會害怕的人，那可能要先行克服怕水的恐懼再來學習會比較適當。」

我的游泳課學生當中也有潛水愛好者，且已經取得相當高階的證照，但依然不太會游泳。當時我問他為什麼來上課，他說：「雖然目前我有一定的潛水能力，如果能再加強泳技，可以讓我在追求目標時更無後顧之憂。」

臺灣人對於「會游泳」的定義非常的寬鬆，甚至有許多人會說：「我會游泳，但我不會換氣。」而多數的人也只有在游泳池游泳的經驗，跟潛水需要在一望無際的大海裡待上一個小時，感受是截然不同的。

有一定的游泳能力，不僅能增加你在學習潛水時的自信心，也能讓你在意外狀況發生時，能夠更冷靜地去處理應對。如果你去海水浴場戲水時都無法自在放鬆地享受玩水樂趣，那怎麼能期待在從事潛水活動時能夠安全無虞呢？

裝備不是萬靈丹，加強自身技能更重要

自由潛水有三寶：面鏡、蛙鞋、呼吸管，如果是水肺潛水，則會多了氣瓶等供氧裝置。潛水的前進動力主要靠的是蛙鞋，即便是游泳程度不好甚至是不會游泳的人，只要腳願意打水擺動，都能夠前進。也因為有各種裝備支援技能上的不足，因此很多人忽略了裝備可能也存在使用上的風險。

以自由潛水為例，雖然實際上下水時會戴著面鏡、呼吸管以及蛙鞋，但還是偶爾會發生下述的狀況：

- 上下岸時蛙鞋被浪沖走。
- 呼吸管下潛時噴掉。
- 面鏡進水。
- 被海流帶漂離浮球。

這些意外發生時，你能夠確保自己的安全嗎？

很多人因為過於依賴潛水裝備，忽略去增加自己的游泳技能；潛水發生意外時，我們不能保證裝備都還在身上、或是沒有故障。畢竟有時意外狀況的發生，就是因為器材問題造成的，而不一定是大自然環境的影響。

因此，除了基本的游泳技巧以外，像是「仰漂」、「踩水」、「抬頭蛙」等開放水域自救技巧，也都應該是玩潛水活動時必備的技能。即便沒派上用場，學會這些技巧也能增加你的自信，在發生狀況時能不緊張、鎮定地去判斷情勢，思考解決問題的對策。

「潛伴」同行，有效降低意外風險

從事戶外活動時，獨自一人的風險一定會比團體行動來得高，這件事尤其在潛水上更是如此。不管是水肺潛水或自由潛水，課程中教練一定會傳達一個重要觀念：潛水時，一定要有「潛伴」同行，絕對不能獨潛！

那什麼是好的潛伴呢？

一、溝通潛水計畫

每個人每次的潛水目的不見得相同，這次潛水是為了挑戰深度、看海裡動植物、還是純粹休閒亂游，這些都是需要事前溝通的。有良好的溝通，才知道彼此的各種動作合不合理，出狀況也才能馬上反應。

比如說：如果今天你的潛伴說他要挑戰深度，卻停在某個位置一直不動，或許就要考慮潛伴是不是已經處於昏迷狀態。

二、協助裝備檢查

自由潛水的裝備較少且簡單，而水肺潛水的則較為複雜。在下水前同伴互相檢查彼此的裝備，可以發現平常自己忽略的檢查點，或沒注意到的問題，多一次檢查多一份安心。

三、潛水時的溝通與照應

潛伴在潛水過程中除了能夠互相指引定位、水中陪同與觀察，還能透過手勢溝通彼此的狀況，並且隨時幫忙注意是否有被海流帶走、氣瓶殘壓還有多少、深度是否超過預定計畫。發生緊急狀況時也能即刻協助，保護自己與他人。

另外，在挑選同行的潛伴時請記得找能力相當的人，知道彼此的能力在哪，對安全更有保障。

● ● ●

我相信大部分學習過潛水的人都比一般遊客更注重水上安全，也擁有更專業的水域安全觀念與知識。

不過，除了「潛伴制度」是在潛水活動時不可或缺的一環以外，如果懂

潛伴同行

溝通潛水計畫

每次潛水目的不同，事前良好溝通，出狀況才能立刻反應。

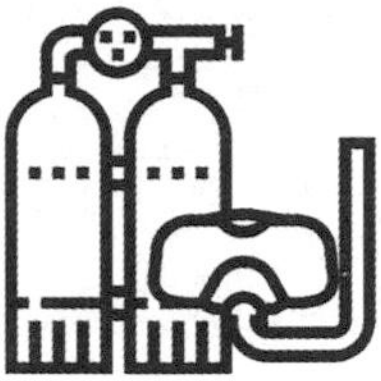

協助裝備檢查

下水前互相檢查裝備，減少彼此忽略的檢查點，多一份安心。

活動中照應

互相指引定位、陪同觀察、用手勢溝通、隨時注意環境海流。

得應用裝備以外的自救游泳技巧，更能保護好自己與同行友人的安全，也是我們從事水上活動時該有的心態。

FIVE

5

如何避免刁車：海灘行車技巧

新聞現場
NEW

■2021 年 10 月 11 日
摘錄自東森新聞報導

雙十連假期間一起水域活動意外事件上了新聞版面。宜蘭南澳神祕沙灘於二〇二一年十月十日晚間傳出有十六人含五名孩童受困在當地海蝕洞，後於隔日上午七時，由空勤總隊採吊掛方式將此一行人救出，結束受困十五個小時的驚魂記。

脫困後，當事人則對媒體表示，由於他人的賓士車卡在沙灘、堵住去路，因風浪漸強，他們才撤退到海蝕洞待援。

海灘開車跟你想的不一樣

根據前述新聞事件，這次的意外原因，受困者提到了回程路上被擱淺的車子擋住去路，導致他們只能原地待援。我在海邊擔任救生員多年，幾乎每天都要在沙灘上開車，也有幾次「ㄉ車」的經驗。

要強調的是，在沙灘上ㄉ車其實是件很危險的事，因為你不清楚浪何時會打上來，且浪越近也會造成沙地更鬆軟，也就更難脫困。

在此提供幾個在沙灘或碎石礫灘上開車的注意事項：

1 觀察沙灘上是否有胎痕，這類路線因為有人開過，沙子被壓得較緊實較好開。

2 不要突然重踩油門，也不要突然停下來，以固定車速穩定前進。

3 盡量少轉彎，轉彎不要轉太大，避免打滑。

4 不要開太靠近海邊，沙子可能過軟造成輪胎陷下去。

5 看到大石頭記得要閃避，以防石頭撞破車底油箱。

6 開上軟沙子的時候，記得放慢速度慢慢開。

7 當感受到輪胎打滑時，千萬不要用力踩油門，這只會造成輪胎越陷越深。

8 記得備「脫困板」與鏟子，必要時插入輪胎與沙地中間使用。

9 當地居民、業者或釣魚客是最熟悉當地狀況的人，如果他們都建議撤退，請趕快走。

10 在前往景點之前，先備好當地警局或拖吊業者電話，以防萬一。

一般來說，只有四輪傳動車可以開去沙灘礫灘，一般轎車建議都不要前往；而四輪傳動車也有分不同馬力與傳動方式，如果車子的規格不足以應付，一樣有可能會發生卡在沙灘的窘境。

除此之外，在海邊開車就不能不注意潮汐狀況。請盡量避開大潮時期前

往，因為原本行經的路線很有可能會被水淹沒。

雖然這次事件，圓規颱風已發布海上颱風警報，但或許是過去即使有發布海警也沒什麼風面的狀況，再加上本次尚未發布陸警，所以不少民眾仍是出門遊玩。不過，颱風的外圍環流加上東北季風，的確會對海邊風浪造成極大的影響。

前述的意外事件便是因圓規颱風外圍環流，加上東北季風的雙重影響，滿潮後使得海水不斷往陸上推，導致車子意外受困。

安全自負應是一種全民素養

「你們警戒線拉那麼小怎麼玩？」

「水才到膝蓋為什麼不能超線？」

「我只是要踩踩水沒有要下水為什麼不行？」

以上三個問題都是我在海邊當救生員時常被問的。會有上述的限制當然有其原因，相關人員可從潮汐與風浪大小進行判斷與應變操作，不過多數民眾不會理解，也沒有學習過相關水域安全知識。

我在海邊執業的生涯中，常常需要三「吹」四請，違規的遊客才願意上岸，不是認為風浪還好，就是自認自己泳技純熟。但是，能在無風無浪踩得到底的游泳池游泳，與海域環境真的是兩回事，難以相提並論。

在不熟悉的環境遊憩請不要過度相信自己的能力，要有安全自負的想法，也應該事前就各種風險情境進行想定，讓自己提前具備「如果遇上意外該怎麼辦」的認知與應變手段。畢竟，最在乎你生命安全的人，絕對是自己。

參考資料

網站

中華民國水上救生協會：

http://www.ctwlsa.org.tw/

中華民國紅十字會：

https://www.redcross.org.tw/index.jsp

中華海浪救生總會：

http://www.surflifesaving.org.tw/

學生水域運動安全網：

https://watersafety.sa.gov.tw/

中華民國內政部消防署全球資訊網：

https://www.nfa.gov.tw/cht/index.php?code=list&ids=56

教育部體育署：

https://www.sa.gov.tw/News/NewsDetail?Type=3&id=2298&n=92

荷蘭國家游泳安全委員會

https://www.nrz-nl.nl/

報告

《全球溺水報告：預防一個主要殺手》"*Global report on drowing: preventing a leading killer*" 世界衛生組織 . / 2014.11.17

LIFE 055

跟著救生員學水中自救

30堂防溺教育課，危急時刻，做自己的救命恩人！

作　　者—張景泓
主　　編—陳信宏
責任編輯—王瓊苹
責任企劃—吳美瑤
封面設計—Ancy Pi
版面設計—FE設計
內頁排版—洪伊珊
內頁插畫—黎宇珠
編輯總監—蘇清霖

董 事 長—趙政岷
出 版 者—時報文化出版企業股份有限公司
一〇八〇一九臺北市和平西路三段二四〇號三樓
發行專線—（〇二）二三〇六六八四二
讀者服務專線—〇八〇〇二三一七〇五・（〇二）二三〇四七一〇三
讀者服務傳真—（〇二）二三〇四六八五八
郵撥—一九三四四七二四　時報文化出版公司
信箱—一〇八九九臺北華江橋郵局第九九信箱
時報悅讀網—http://www.readingtimes.com.tw
電子郵件信箱—newlife@readingtimes.com.tw
時報出版愛讀者粉絲團—http://www.facebook.com/readingtimes.2
法律顧問—理律法律事務所 陳長文律師、李念祖律師
印　　刷—勁達印刷有限公司
初版一刷—二〇二二年六月十日
初版三刷—二〇二三年四月十七日
定　　價—新臺幣三六〇元

時報文化出版公司成立於一九七五年，並於一九九九年股票上櫃公開發行，於二〇〇八年脫離中時集團非屬旺中，以「尊重智慧與創意的文化事業」為信念。

跟著救生員學水中自救：30堂防溺教育課,危急時刻，做自己的救命恩人！/張景泓著. -- 初版. -- 臺北市：時報文化出版企業股份有限公司, 2022.06
272面；14.8x21公分. -- (Life; 55)
ISBN 978-626-335-409-8（平裝）

1.CST: 水上救生
528.96　　111006773

ISBN 978-626-335-409-8
Printed in Taiwan